CINCO ENSAIOS
SOBRE MOTIVAÇÃO

MANUEL VIEGAS ABREU
Professor da Universidade de Coimbra

CINCO ENSAIOS SOBRE MOTIVAÇÃO

ALMEDINA

TÍTULO:	CINCO ENSAIOS SOBRE MOTIVAÇÃO
AUTOR:	MANUEL VIEGAS ABREU
EDITOR:	LIVRARIA ALMEDINA – COIMBRA www.almedina.net
LIVRARIAS:	LIVRARIA ALMEDINA ARCO DE ALMEDINA, 15 TELEF. 239851900 FAX 239851901 3004-509 COIMBRA – PORTUGAL livraria@almedina.net LIVRARIA ALMEDINA – PORTO R. DE CEUTA, 79 TELEF. 222059773 FAX 222039497 4050-191 PORTO – PORTUGAL porto@almedina.net EDIÇÕES GLOBO, LDA. R. S. FILIPE NERY, 37-A (AO RATO) TELEF. 213857619 FAX 213844661 1250-225 LISBOA – PORTUGAL globo@almedina.net LIVRARIA ALMEDINA ATRIUM SALDANHA LOJAS 71 A 74 PRAÇA DUQUE DE SALDANHA, 1 TELEF. 213712690 atrium@almedina.net LIVRARIA ALMEDINA – BRAGA CAMPOS DE GUALTAR UNIVERSIDADE DO MINHO 4700-320 BRAGA TELEF. 253678822 braga@almedina.net
EXECUÇÃO GRÁFICA:	G.C. – GRÁFICA DE COIMBRA, LDA. PALHEIRA – ASSAFARGE 3001-453 COIMBRA E-mail: producao@graficadecoimbra.pt
DESENHO GRÁFICO:	FBA.FERRAND, BICKER & ASSOCIADOS FOTOGRAFIA DE CAPA PHOTO DISC, INC.
	MARÇO, 2002
DEPÓSITO LEGAL:	178090/02

Toda a reprodução desta obra, por fotocópia ou outro qualquer processo, sem prévia autorização escrita do Editor, é ilícita e passível de procedimento judicial contra o infractor.

PREFÁCIO À 1.ª EDIÇÃO

Este livro foi escrito em diversos momentos, à medida que as obrigações das aulas e dos trabalhos de investigação permitiam ou exigiam a realização da escrita. Mas a descontinuidade temporal da sua execução não afectou a unidade conceptual da organização do conjunto, uma vez que é à luz da mesma teoria ou visão global do comportamento humano que os cinco ensaios aqui reunidos foram formulados e desenvolvidos.

Em cada um deles procuramos equacionar e esclarecer, no âmbito e no espírito do conceito de ensaio tal como Sílvio Lima o estabeleceu no seu Ensaio sobre a essência do Ensaio, *um problema específico acerca da motivação humana. De entre os diversos problemas que serão analisados avulta, pela sua incidência, o problema da agressividade.*

Os problemas em torno da natureza dos motivos, das necessidades ou dos factores dinâmicos que mobilizam as actividades das pessoas e, através delas, as actividades dos grupos e das instituições constituem problemas fundamentais cujo esclarecimento é indispensável à compreensão dessas actividades.

A motivação está na raiz do comportamento. Toda a actividade tem origem numa "energia" geradora de "forças", ou de "dinamismos" que mobilizam ou põem em movimento os protagonistas da actividade.

Um primeiro problema que importa, por conseguinte, formular e esclarecer é o da natureza dos motivos. Porquê actuamos? Qual a natureza da "energia" que se encontra na origem das nossas actividades, dos nossos esforços, dos nossos planos de acção e projectos de desenvolvimento? Qual é a natureza desses agentes dinâmicos que originam e sustentam a organização e a execução dos nossos actos?

Intimamente ligado ao primeiro, encontra-se problema do para quê da actividade ou do comportamento humano. O problema reside em saber se essas forças têm uma orientação ou uma direcção intrínseca, constituindo vectores de comportamento, *ou se, pelo contrário, são aleatórias fornecendo apenas a* energia *para o "arranque" das acções mas não apontando* objectivos, *metas ou finalidades, em relação aos quais as acções se orientem tendencialmente e se organizem nessa direcção para os alcançar.*

Um terceiro problema diz respeito à natureza dos processos de funcionamento *pelos quais os motivos influenciam a acção. Trata-se da questão de saber* como *é que os motivos actuam ao dinamizarem o comportamento. Será que a suscitação dinâmica das actividades envolvidas no comportamento humano ocorre como uma estimulação automática e procede segundo um "programa" mecânico ou, de modo diferente, seguirá processos de emergência e de funcionamento específicos envolvendo a interacção com outros processos e actividades psicológicas?*

Finalmente, um quarto problema fundamental a clarificar é o que se reporta às relações específicas da motivação com outros processos, *actividades e níveis de organização psicológica, como sejam, designadamente, os processos cognitivos (a aprendizagem, a percepção, a atenção e a memória), os processos afectivos e emocionais e os processos directamente envolvidos nas escolhas, na elaboração de projectos de vida e, de forma mais global, no desenvolvimento das pessoas e das organizações.*

É em torno destes problemas que os ensaios aqui reunidos se debruçam, procurando apresentar formulações que se pretendem clarificadoras, susceptíveis de ter em conta a diversidade de perspectivas potencialmente explicativas, evitando posições reducionistas mas não fugindo à "aparente confusão" nem ao "eventual desconforto" que poderão resultar do confronto com a multiplicidade de concepções teóricas sobre os problemas enunciados. Neste contexto, reconhece-se a necessidade de ordenar e de clarificar o "conjunto dos problemas" e, sobretudo, reconhece-se a indispensabilidade de tomar posição perante a referida multiplicidade, apelando-se à utilidade de fundamentar uma escolha entre hipóteses e concepções diferentes. Só a "fundamentação da escolha" (de uma concepção ou de uma mesma "família" de concepções fundadas no mesmo conjunto de princípios teóricos e epistemológicos) permitirá ultrapassar as limitações do cepticismo *e as ilusões do* ecletismo, *atitudes que a multiplicidade e a disparidade de concepções teóricas poderá gerar.*

A posição que, perante esta situação, explicitamente defendemos inspira-se na Teoria relacional da motivação *desenvolvida por J. Nuttin (1909-1988), que temos procurado complementar e alargar a sectores que não foram objecto de investigação experimental ou de operacionalização com vista a intervenções de ordem prática. É, por exemplo, o caso da comparação experimental concretizada nas investigações experimentais que descrevemos no livro* Tarefa Fechada e Tarefa Aberta – Motivação, Aprendizagem e Execução Selectivas, *em que confrontámos duas concepções teóricas alternativas para a explicação das relações entre a motivação e a aprendizagem –* a concepção conexionista do "reforço" *e a* concepção cognitivo-motivacional, *centrada na interacção da motivação e dos processos cognitivos, fundamentando experimentalmente a escolha da última e rejeição da primeira. Estamos convictos que é este o caminho a seguir se pretendermos contribuir para o progresso do conhecimento científico neste domínio da motivação humana.*

Os ensaios aqui reunidos situam-se nesta mesma linha epistemológico-metodológica e procuram alargá-la à clarificação de questões centrais no domínio da Psicologia, tanto no plano teórico como no plano da prática psicológica.

Para além da vantagem que representa ter passado a barreira da refutabilidade no teste experimental que a confrontou, em igualdade de circunstâncias, com as concepções conexionistas do reforço, a Teoria relacional da motivação *apresenta também a vantagem de constituir uma* concepção global do comportamento humano, *capaz de superar limitações e lacunas de um grande número de teorias e de "modelos" de motivação humana actualmente existentes. Neste mesmo sentido, a Teoria relacional apresenta-se também como susceptível de agregar e integrar diversas "mini-teorias" e "modelos segmentares" de motivação humana desde que radiquem na mesma matriz teórica ou partilhem o mesmo conjunto de princípios epistemológicos.*

Salvo pequenas e muito raras alterações de ordem formal, optámos por reproduzir aqui os textos dos artigos tal como saíram em publicações anteriores. Essa opção tem, como é óbvio, alguns inconvenientes. Um deles ressalta da repetição dos conceitos fundamentais da teoria Relacional da Motivação que aparecem recorrentemente como contexto enquadrador do processo ou da "rede de processos" que cada estudo pretende esclarecer ou iluminar de forma específica. Mas deste eventual inconveniente pode decorrer uma eventual vantagem. Com efeito, a apresentação dos conceitos fundamentais da Teoria Relacional da Motivação em quase todos os ensaios, desempenhando a função de "tema de fundo", permite que ressalte ou sobressaia como "figura" a análise do processo ou da "rede de processos" que cada estudo procurou esclarecer. Deste modo, justifica-se que estes textos, embora tenham sido escritos há alguns anos, seja agora objecto de publicação em conjunto, não só pela sua actualidade mas sobretudo pela complementaridade intrínseca existente entre eles, que a "proximidade" gráfica permite apreender mais directamente, ao mesmo tempo que revela a unidade estruturante e dinâmica de uma concepção teórica em desenvolvimento.

Os trabalhos de preparação definitiva dos textos reunidos neste livro bem como as tarefas do seu tratamento informático, formatação e revisão foram realizados com o apoio do Instituto de Psicologia Cognitiva, Desenvolvimento Vocacional e Social *da* Fundação para a Ciência e Tecnologia.

Coimbra, Janeiro de 1998.

PREFÁCIO À 2.ª EDIÇÃO

A primeira edição destes Cinco Ensaios sobre Motivação foi considerada pelo editor como esgotada. Impunha-se, por isso, que se colocassem novos exemplares à disposição das pessoas que os procuram. Para esse efeito, houve que optar entre fazer uma simples reimpressão do livro tal como saiu na primeira edição, ou proceder a uma segunda edição, que envolve, por regra, a introdução de aperfeiçoamentos, mudanças ou acréscimos considerados indispensáveis pelo autor. A escolha recaiu sobre a segunda alternativa, aproveitando-se esta oportunidade para fazer ligeiras alterações de natureza formal em diversos capítulos do livro e para introduzir no Capítulo IV o esquema com a representação gráfica do modelo relacional e interactivo do sistema educativo, formalizado no contexto da teoria relacional do comportamento humano, que subjaz aos ensaios aqui reunidos. A introdução deste esquema pode ajudar à compreensão da rede complexa de interacções que se estabelecem entre protagonistas, motivações, tarefas e métodos utilizados para a concretização das finalidades fundamentais da instituição escolar. Todavia, a razão mais forte para uma segunda edição deste livro está na necessidade sentida de lhe acrescentar uma Adenda sobre a violência nas escolas, em complemento das teses e propostas de acção apresentadas no Capítulo V, em que se equaciona problema da violência e se apresenta a sua superação possível como o desafio cultural do nosso tempo. Com efeito, nestes últimos três anos, o acréscimo de actos de violência ocorridos nas escolas, em Portugal e em diversos países do mundo ocidental, é preocupante.

Cinco Ensaios sobre Motivação

A situação é, na realidade, grave e apela à participação de muitos protagonistas sociais no sentido de se promover um esforço conjugado para evitar que a violência escolar, pela sua frequência, se instale como rotina. É conhecida a posição dos que consideram a violência como uma fatalidade: nada podendo ser feito para neutralizar ou remover as suas "causas", a violência pode tornar-se uma rotina perante a qual "todos teremos de nos habituar a conviver". No ensaio de clarificação da raiz do surto de agressividade nas escolas aqui apresentado defende-se e procura-se fundamentar uma posição diferente: a violência nas escolas, como, de resto, a violência na sociedade em geral não constitui uma fatalidade. Pelo contrário, é possível diminuir e prevenir os actos de violência. Na Adenda são apresentadas propostas de reflexão e de acção que apontam neste sentido. Cabe aos leitores analisá-las, reflecti-las, e com base na sua ponderação, tomar posição sobre o problema. A esperança que aqui fica depositada é a de que cada leitor possa constituir-se como um protagonista da construção da Paz.

Coimbra, 11 de Janeiro de 2002

CAPÍTULO I
MOTIVAÇÃO E DESENVOLVIMENTO DA PERSONALIDADE *

INTRODUÇÃO

O conceito de personalidade tem sido e continua a ser utilizado por todos os sistemas, escolas ou concepções teóricas que visam explicar o comportamento do homem. Mesmo a revolução behaviorista, que contestou o estatuto científico de muitos conceitos da psicologia tradicional dos "estados e conteúdos da consciência", manteve, no seu repertório, o conceito de personalidade. O próprio Watson (1925) apresentou, de resto, uma concepção de personalidade e, nos nossos dias, algumas das mais difundidas teorias da personalidade continuam a apoiar-se nos princípios fundamentais do behaviorismo.

A aceitação e o emprego generalizado do conceito de personalidade, tanto no domínio da Psicologia Experimental como no da Psicologia Clínica, fazem dele um conceito nuclear da ciência do comportamento. Não será, por isso, ousado afirmar que o projecto de "unificação da psicologia", que tanto preocupou Daniel Lagache ([1]1949; [2]1969), tenha no estudo da personalidade uma via privilegiada de concretização.

O conceito de personalidade reporta-se, porém, a uma realidade psicológica complexa que é considerada umas vezes como *variável*

---

* Texto integral, com ligeiras alterações exclusivamente formais, da lição-síntese proferida e defendida no âmbito das provas para Professor Agregado, que se realizaram na Sala dos Capelos da Universidade de Coimbra nos dias 14 e 15 de Novembro de 1979.

dependente e outras como *variável independente*. Alguns autores como Staats (1975), por exemplo, apresentam-na mesmo com estatuto duplo e simultâneo. Enquanto *variável dependente*, a personalidade é encarada como produto ou efeito de factores e processos diversos, desde os bio-fisiológicos aos sócio-culturais, passando, é evidente, pelos especificamente psicológicos. Como *variável independente* ou, em muitos casos, *intermediária (intervening variable)*, a personalidade é concebida como causa ou factor determinante de diferentes processos de comportamento ou mesmo do comportamento humano em geral, na medida em que todo ele é personalizado. Daqui a dificuldade de que o estudo da personalidade se reveste, atestada pela multiplicidade de definições, proliferação de métodos de investigação, e diversidade de concepções explicativas acerca da sua natureza e acerca dos factores e processos da sua construção e desenvolvimento.

Em 1937, Allport inventariou mais de cinquenta definições diferentes de personalidade, o que, desde logo, revela não apenas as dificuldades e a complexidade da tarefa, mas sobretudo o escasso interesse de que se reveste qualquer tentativa de a captar ou apreender por intermédio de uma definição. É que a personalidade, longe de ser uma entidade abstracta, realidade estática ou produto acabado, constitui uma realidade comportamental ou uma estrutura funcional organismo-mundo em contínuo processo de interacção.

A multiplicidade de definições e a diversidade de construções teóricas que se pretendem explicativas da personalidade podem facilmente conduzir a duas atitudes: ou uma *atitude céptica,* de desânimo e descrença perante as dificuldades em garantir uma base científica incontroversa ao estudo da personalidade, ou uma *atitude ecléctica,* que, face a tais dificuldades, decida pragmaticamente aproveitar o que cada concepção apresente de melhor, de acordo com determinados critérios.

Nenhuma destas atitudes se tem revelado eficaz na promoção do progresso científico em qualquer ramo do saber. Por isso, a análise dos próprios princípios epistemológicos que se encontram subjacentes à multiplicidade de definições e de construções teóricas acerca da personalidade é, sem dúvida, mais vantajosa, porque, ordenando e esclarecendo aquela multiplicidade, apresenta-se susceptível de superar quer a atitude céptica quer a atitude eclética, permitindo abrir caminho a uma opção fundamentada.

1. Duas perspectivas epistemológicas fundamentais acerca da natureza da personalidade e acerca dos factores e processos do seu desenvolvimento

Embora conscientes das limitações em que toda a classificação incorre, supomos não violentar muito a realidade se identificarmos duas perspectivas epistemológicas fundamentais na base da grande maioria das concepções teóricas acerca da personalidade: uma *perspectiva individualista, elementarista-associacionista* ou *analítico--sintética* e uma *perspectiva relacional dinâmico-estruturalista*.

1.1. *A perspectiva individualista*

Esta primeira perspectiva considera a personalidade como a *resultante* de uma soma, associação e síntese integradora de diferentes elementos ou processos psíquicos, desde os sensório-motores aos intelectuais e afectivos – aptidões, hábitos, interesses, atitudes – susceptíveis de serem avaliados isoladamente. A verificação da frequência, da regularidade ou da constância de certas características, modos de parecer e de agir, permite o estabelecimento de *classes* e de *tipos* que fornecem uma base de classificação da personalidade de cada indivíduo. Nalguns casos, a síntese integradora procura articular processos psíquicos e características somático-fisiológicas.

Esta perspectiva epistemológica radica no *modo de pensar aristotélico,* tal como Lewin (1931) o caracterizou, reforçado na sua vertente analítica pelo ideal metodológico cartesiano e na vertente associacionista pela tradição empirista anglo-saxónica.

Importa referir que as categorias epistemológicas típicas do modo de pensar aristotélico influenciaram não apenas a psicologia científica dos estados e conteúdos de consciência, mas também o elementarismo behaviorista.

Podemos incluir nesta orientação epistemológica as diferentes *tipologias,* as diversas concepções baseadas no conceito de *traço* e as *teorias factoriais* da personalidade, não obstante as noções de *tipo,* de *traço* e de *organização* ou *estrutura factorial* visarem, cada uma a seu modo, ultrapassar as limitações de uma síntese aditiva, procurando apreender a especificidade de articulação e integração das diversas características individuais, isoladamente avaliadas. A orientação epistemológica elementarista-associacionista continua, porém, subjacente. De facto, mesmo quando, no contexto desta perspectiva, se fala de *estrutura* importa não esquecer que se parte sempre da avaliação analítica de traços, atitudes e características somático--psíquicas, isoladamente consideradas, cujas *variações correlativas* permitem inferir *constelações intra-psíquicas* ou *somático-psíquicas,* tidas como susceptíveis de enquadrar ou de classificar as particularidades da personalidade de cada indivíduo. E uma vez que, segundo a epistemologia aristotélica, "só há ciência do geral e não do particular", não surpreende que, nesta perspectiva, o indivíduo continue a ser concebido como "resíduo ininteligível", "átomo" isolado ou separado da contextura dinâmica das suas relações com o mundo dos objectos significativos e com os outros.
Trata-se, em suma, de uma *perspectiva individualista* e *individualizante,* centrada sobre a unidade intra-psíquica ou somático-psíquica, separada das situações em que se desenvolve, o que constitui uma das características essenciais do "modo de pensar aristotélico".
Desta perspectiva epistemológica decorrem implicações de *ordem teórica* e implicações de *ordem prática,* estas últimas incidindo sobre o modo de conceber e realizar o "exame psicológico" e o "diagnóstico" da personalidade, e as primeiras (incidindo) sobre a explicação do seu desenvolvimento.

Motivação e desenvolvimento da personalidade

De facto, no contexto da epistemologia elementarista, o "exame psicológico" e o "diagnóstico" da personalidade apoiam-se predominantemente na avaliação "objectiva" de cada um dos "elementos" da personalidade considerados fundamentais, avaliação realizada por intermédio de "instrumentos objectivos de medida": inventários, testes e questionários de personalidade.

E tal como sucedia no quadro da epistemologia aristotélica, em que os fenómenos individuais só obtinham uma certa inteligibilidade se neles fossem observadas características "gerais" que possibilitassem a sua inclusão numa classe, definida como conjunto de caracteres comuns a um grupo, mais ou menos numeroso, de indivíduos, assim também, no quadro das teorias de orientação elementarista, a inclusão da personalidade individual num *tipo* ou numa *classe* de um sistema pré-estabelecido constitui a via privilegiada da inteligibilidade ou do conhecimento da personalidade examinada. A entrevista e o estabelecimento da "história pessoal" são considerados como processos *complementares,* utilizados, não raramente, com o objectivo de criar um clima propício e mais favorável ao emprego dos instrumentos de avaliação, acima referidos.

No que respeita à explicação do desenvolvimento da personalidade, importa distinguir as concepções elementaristas, que se apoiam nos *processos de maturação,* das que privilegiam os processos de *socialização,* concebidos, em muitos casos, como processos de condicionamento ou de aprendizagem por reforço.

As primeiras concebem as aptidões, as atitudes ou os traços característicos da personalidade como variáveis dependentes da constituição biológica, decorrendo o seu desenvolvimento dos processos naturais do crescimento; o "património genético" ou o "capital hereditário" e a "passagem do tempo" constituem, aqui, os principais factores determinantes do desenvolvimento da personalidade.

Por seu turno, os defensores do papel decisivo dos processos de aprendizagem negam, em geral, a natureza inata das aptidões, das atitudes e dos traços de personalidade, preferindo concebê-los como caracteres adquiridos. À nascença, o indivíduo constitui uma "tábua rasa", "organismo vazio", destituído de quaisquer predisposições inatas a não ser a de reagir à acção física dos estímulos do mundo externo. Aptidões, traços, interesses e atitudes são modalidades de hábito, constituídos progressivamente no decurso da "socialização" do indivíduo.

A posição do fundador do behaviorismo é a este respeito bastante significativa. Com efeito, embora Watson tivesse reconhecido que os comportamentos emocionais de medo, de amor e de cólera possuem raiz inata, o certo é que o seu entusiasmo pela acção modeladora dos estímulos externos fez com que tal reconhecimento tivesse sido completamente negligenciado no desenvolvimento das concepções behavioristas, levando-o a defender a possibilidade de plasmar as características da personalidade de acordo com "modelos" ou "programas" pré-estabelecidos de condicionamento.

1.2. *A perspectiva relacional*

Segundo esta orientação epistemológica, a personalidade é concebida desde logo como uma estrutura ou sistema de relações entre o organismo e o mundo, e não como a resultante de uma síntese ou integração de aptidões ou traços, inatos ou aprendidos. A tónica não está colocada de forma predominante sobre as características do indivíduo isolado das condições concretas da sua existência, mas no tecido de relações entre ele e o conjunto de situações, de objectos e pessoas, que constitui o seu universo, o seu "campo psicológico" (Lewin, 1935), ou o seu "umwelt" (Von Uexküll, 1936).

A *estrutura indivíduo-meio* ou *organismo-mundo* ultrapassa a *estrutura intra-psíquica* e mesmo a *estrutura somático-psíquica*. O ponto de partida do modo de funcionamento psicológico que é a personalidade não está nem só no *indivíduo* nem só no *meio,* considerados como dois pólos distintos e separados um do outro. A unidade real e funcional da personalidade – repetimo-lo – não é a *unidade intra-psíquica* nem a *unidade somato-psíquica*, mas a *unidade de interacção* "organismo-mundo" ou "indivíduo-situação".

Trata-se de uma perspectiva epistemológica que recolheu o ensinamento fundamental de Galileu, segundo o qual o estudo de um fenómeno não pode ser bem sucedido se o fenómeno for desligado da situação em que ocorre.

Deste modo, a perspectiva dinâmico-estruturalista substitui, em Psicologia, o "modo de pensar aristotélico" pelo "modo de pensar galileano", superando, por conseguinte, a perspectiva elementarista, individualista e isolacionista da personalidade.

No contexto das teorias dinâmico-estruturalistas da personalidade, em que incluímos, entre outras, a gestaltista e a teoria relacional de Nuttin, o "exame psicológico" e o "diagnóstico" da personalidade não podem deixar de conceder importância decisiva à *reconstituição da "história pessoal"*, considerada como a textura das *relações interpessoais constituintes,* e à apreensão do *sentido* que o sujeito atribui não só a acontecimentos e situações do passado, mas também à própria situação actual. Os instrumentos de avaliação objectiva da personalidade têm aqui o seu lugar, mas os seus resultados são considerados como auxiliares de estudo e não como meros indicadores de um "tipo" ou de uma "classe" em que a personalidade seja sintetizada ou catalogada.

Sendo a personalidade concebida como uma estrutura dinâmico--funcional de interacção "organismo-mundo", os factores responsáveis pelo seu desenvolvimento não podem encontrar-se exclusivamente nem no indivíduo, nem no meio externo. Nem o *inatismo,* que realça os factores hereditários, nem o *ambientalismo,* que sobrevaloriza a eficácia modeladora do meio ambiente, conseguem explicar de forma suficientemente clara o desenvolvimento da personalidade.

Contrariamente às teses behavioristas, as concepções dinâmico--estruturalistas consideram o organismo não como "tábua rasa" ou "receptáculo vazio", mas dotado de *esquemas* ou *esboços de relação* com o mundo, cuja concretização é *requerida* ou indispensável para o seu funcionamento e desenvolvimento. Sublinhe-se, porém, que,

Cinco Ensaios sobre Motivação

em oposição às teses inatistas, tais esquemas ou esboços constituem *exigências* ou *necessidades* de relação comportamental, que, para se actualizarem, requerem a aproximação e o contacto com o mundo dos objectos e das pessoas. Enquanto esquemas ou esboços de interacção, as necessidades ou motivos não são comportamentos acabados, explícitos, nem sequer "programas" prefixados de sequências de comportamentos que sejam postos em execução sempre que o organismo é confrontado com "configurações de estímulos desencadeadores". Por isso, os motivos, embora sejam *intrinsecamente orientados* para o contacto ou *relação preferencial* com determinadas *categorias* de objectos, podem, dentro de cada uma, ser preenchidos ou concretizados por uma grande variedade de relações objectais ou comportamentais particulares. E é esta *indeterminação objectal* dos motivos que permite e exige a intervenção de outros processos psíquicos, nomeadamente da aprendizagem, no desenvolvimento do comportamento. Mas se a aprendizagem determina ou especifica a configuração concreta do preenchimento dos motivos, são estes que lhe emprestam o seu dinamismo e a sua orientação selectiva intrínseca. Os motivos aparecem, assim, como os factores básicos ou originários da aprendizagem e do desenvolvimento da personalidade.

Nesta medida, se à concretização dos motivos se depararem obstáculos, dificuldades ou limitações que a impeçam ou perturbem, é o próprio desenvolvimento da personalidade que fica comprometido.

E importa desde já referir, reportando-nos mais especificamente à teoria relacional da motivação de Nuttin, que não são apenas os motivos ou necessidades bio-fisiológicas (que assumem a modalidade comportamental de fome, sede, sono e impulso sexual) que são considerados como necessidades fundamentais ou primárias. O funcionamento "normal" do psiquismo e o seu desenvolvimento exigem a concretização de relações cognitivas com o meio (necessidades cognitivas) e o estabelecimento de relações inter-subjectivas com outros organismos da mesma espécie (necessidades sociais). Todas elas são consideradas *primárias,* porque indispensáveis ao salutar

Motivação e desenvolvimento da personalidade

funcionamento e desenvolvimento da personalidade, conforme procuraremos mostrar.

2. O apoio empírico da teoria relacional da motivação e da personalidade

Em apoio desta concepção que considera os motivos como os *factores básicos do desenvolvimento da personalidade,* seleccionámos, de entre outros susceptíveis de ser aduzidos para o mesmo fim, três conjuntos de dados empíricos, recolhidos por métodos diversos e em domínios igualmente diferenciados, incluindo o da zoopsicologia.

Assim, examinaremos em primeiro lugar, um conjunto de dados respeitantes aos efeitos do abandono e do isolamento, tal como foram observados nos casos das chamadas "crianças selvagens"; passaremos seguidamente em revista os dados relativos aos efeitos das "carências afectivas" registados nas investigações de Spitz e de Bowlby, e, finalmente, analisaremos os resultados das experiências realizadas por Harlow com crias de macacos rhésus, retiradas, logo à nascença, do contacto com as mães.

2.1. *Os efeitos do abandono e do isolamento: os casos das "crianças selvagens"*

São muito numerosas as referências a casos de crianças que, tendo sido precocemente abandonadas em lugares de difícil acesso (florestas e montanhas, por exemplo), conseguiram sobreviver, acabando por ser "capturadas" – é o termo – ou encontradas num estado quase animal ou semi-selvagem. Muitas dessas referências datam da Antiguidade, da Idade Média e de tempos mais modernos, e estão envolvidas em pormenores lendários e fantasistas que tornam problemática a sua aceitação. Certos casos, porém, foram objecto de observações sistemáticas, revestindo-se de suficiente credibilidade

Cinco Ensaios sobre Motivação

científica. Exemplos destes casos cientificamente estabelecidos são o da criança selvagem de Aveyron, a que o Dr. Itard, que dele longamente se ocupou, deu o nome de Victor, o de Kaspar Hauser, estudado por Von Feuerbach, e o das duas "crianças-lobo", Amala e Kamala, observadas sistematicamente pelo reverendo Singh e pelo Dr. Sarbadhicari, e que originaram uma série de publicações científicas que mais adiante referiremos (cf. Anastasi, [2]1963; Malson, 1964).

A criança-selvagem de Aveyron foi "capturada" nos bosques de Caune, perto daquela cidade francesa, em 1799, por três caçadores de uma aldeia próxima, que, após perseguição e cerco, conseguiram alcançá-la no topo de uma árvore, conforme consta do "Primeiro Relatório" do Dr. Itard (Itard, 1801). Após duas fugas, uma das quais com duração próxima de um ano, foi de novo capturada. Aparentava ter cerca de 11 anos e por não saber falar nem mostrar compreender o que lhe diziam, revelando hábitos e gostos estranhos, em tudo muito diferente das crianças "normais" da sua idade, acabou por ser enviada para Paris, por ordem do Ministro do Interior, que, em face dos relatórios das autoridades locais, considerou muito iluminadamente que o estudo do caso poderia ajudar a esclarecer aspectos da História Natural do Homem.

Em Paris, após ter sido objecto da curiosidade popular e de observações de cientistas, entre as quais a de Pinel, o célebre psiquiatra da "libertação dos loucos", a criança selvagem de Aveyron foi entregue aos cuidados do Dr. Itard, médico-chefe do já então famoso "Instituto Imperial de Surdos Mudos", o qual, durante anos, a submeteu a um intenso programa reeducativo, cujos resultados se encontram pormenorizadamente descritos em dois relatórios, o primeiro de 1801 e o segundo de 1807.

Os esforços do Dr. Itard fizeram com que Victor d'Aveyron se adaptasse às condições mínimas da vida em sociedade, conservando-se como ajudante doméstico de uma das governantas do Instituto. Porém, as potencialidades psicológicas de Victor d'Aveyron não chegaram nunca a alcançar o nível de desenvolvimento próprio da sua idade, nem do ponto de vista cognitivo, nem do ponto de vista afectivo.

Motivação e desenvolvimento da personalidade

O caso de Kaspar Hauser foi relatado por Anselm von Feuerbach. Trata-se, aqui, de um caso de enclausuramento prolongado, por razões de sucessão dinástica, numa cela sombria e suficientemente baixa para não permitir a posição erecta. Em 1828, foi encontrado a vagabundear por uma das praças de Nuremberga, com postura semi-curva, andar titubeante, emitindo sons incompreensíveis. Era portador de uma carta na qual, além do seu nome e idade, se dizia que, por ter alcançado os 17 anos, deveria ser apresentado no Regimento de Cavalaria de Nuremberga para prestar serviço militar. Mas o comportamento estranho do jovem e as suas limitadas capacidades de aprendizagem isentaram-no do cumprimento desse dever cívico. De facto, Kaspar Hauser permanecia longos períodos sentado no chão, com as pernas inteiramente esticadas e a cabeça curvada, imóvel e mudo. Rejeitava comida muito preparada, preferindo leite e pão. Divertia-se a brincar com cavalos, mesmo de papelão, único brinquedo de que parece ter disposto no seu enclausuramento. Do Regimento, Kaspar Hauser transitou para casa do professor Daumer, que se encarregou da sua reeducação. A recuperação de Kaspar Hauser foi mais rápida e mais extensa do que a de Victor d'Aveyron. Depressa aprendeu a falar, a ponto de poder relatar as condições em que viveu até à sua "libertação". Embora permanecessem dificuldades de integração social completa, é provável que Kaspar Hauser tivesse conseguido alcançar o nível de desenvolvimento global correspondente à sua idade se, aos 22 anos, não tivesse sido assassinado por um desconhecido, movido certamente pelas mesmas razões que determinaram o enclausuramento precoce e prolongado da sua vítima.

De acordo com os relatórios do reverendo Singh (Singh and Zingg, 1942), Amala e Kamala foram capturadas, em 1921, por um grupo de exploradores, chefiado pelo próprio Singh, num covil das montanhas indianas de Midnapore, na companhia de um casal de lobos. Amala aparentava cerca de 3 anos e Kamala cerca de 8. As "crianças-lobo" foram internadas no Asilo de Midnapore, dirigido pelo reverendo Singh, e aí submetidas a um novo regime de vida a que mostraram grandes dificuldades de adaptação, nomeadamente no que respeita ao regime alimentar, dificuldades que, acarretando contínuas e prolongadas doenças, acabaram por vitimar a mais nova.

Kamala conseguiu superar as primeiras dificuldades e foi submetida a um programa de educação especial, elaborado e conduzido por Singh. De início, os progressos foram muito reduzidos. À semelhança dos dois casos anteriores, Kamala apresentava deficiências globais de desenvolvimento psicológico, desde o domínio sensório-motor ao domínio afectivo. A pouco e pouco, porém, Kamala foi conseguindo pronunciar algumas palavras simples, com que designava os objectos que pretendia. Tornou-se comunicativa e adquiriu hábitos de convivência social. Decorridos, porém, oito anos sobre o seu encontro, Kamala sucumbiria a um edema generalizado, quando, segundo o relato de Singh, possuía já um vocabulário de quase uma centena de palavras que lhe permitia manter uma conversação com os médicos que a tratavam.

Feita esta breve descrição, importa salientar que todos os casos referidos, apesar da sua diversidade, apresentam pontos comuns que suscitaram a atenção dos psicólogos empenhados na problemática das diferenças individuais e dos factores do desenvolvimento psicológico.

Embora o caso de Victor d'Aveyron tenha tido grandes repercussões no domínio pedagógico, foi, sem dúvida, o caso de Amala e Kamala aquele que suscitou um vasto movimento de interesse conducente à equacionação de um conjunto articulado de problemas em torno das "crianças selvagens". A polémica travada entre Dennis e Zingg, em 1941, é a este respeito muito significativa, inserindo-se na debatida questão em torno do papel relativo da hereditariedade e do meio, enquanto factores do desenvolvimento do psiquismo (cf. Anastasi, [2]1963).

Apoiando-se nas perturbações de comportamento que as "crianças selvagens" continuaram a apresentar depois de inseridos no mundo social e nas dificuldades de aprendizagem que manifestaram, Dennis defendeu a tese de que tanto aquelas perturbações como estas dificuldades provinham de *idiotia intrínseca* ou de *debilidade mental congénita* e não da privação de estímulos e de situações educativas, devida ao isolamento. Teria sido mesmo a verificação da debilidade das crianças por parte dos próprios progenitores a razão determinante do abandono. A duração deste não poderia ter sido consequentemente muito longa, uma vez que o "atraso mental" das crianças as tornaria incapazes de sobreviver sozinhas.

Cabe assinalar, de passagem, que a tese de Dennis não era nova, pois o Dr. Itard, nos seus Relatórios, procurou rebater objecções praticamente idênticas formuladas a propósito de Victor d'Aveyron.

Em oposição a Dennis, Zingg, Professor da Universidade de Denver, argumentou com as características especiais que Amala e Kamala apresentavam, nomeadamente calosidades nos joelhos e palmas das mãos, sinais evidentes de posturas e locomoção quadrúpetes durante anos, superioridade da acuidade visual nocturna relativamente à das crianças normais – característica que Victor d'Aveyron e Kaspar Hauser também apresentavam – preferência por alimentos verdes e crus. Além disso, a comparação entre o comportamento revelado pelas "crianças selvagens" no momento em que foram encontradas e aquele que manifestavam após alguns anos de reeducação não permitia de modo algum concluir pela idiotia congénita. Se os progressos não foram maiores, ter-se-á de considerar que os "períodos sensíveis" para certas aprendizagens haviam sido irremediavelmente perdidos.

Embora sedutora, a tese de Dennis não consegue desmentir nem explicar os factos postos em relevo por Zingg, que vê nas deficiências e dificuldades de desenvolvimento apresentadas pelas "crianças selvagens" sequelas do abandono precoce e do isolamento prolongado.

Mais recentemente, Lucien Malson (1964), colocando-se abertamente ao lado de Zingg, e adoptando uma perspectiva tipicamente culturalista, considera que os casos cientificamente estabelecidos de "crianças selvagens" vieram pôr em causa, de forma decisiva, o conceito tradicional de *"natureza humana"*, que teve em Rousseau o seu teorizador moderno mais influente, tanto no campo filosófico como no domínio pedagógico.

É evidente que não podemos, no âmbito desta lição, sintetizar os diversos aspectos da problemática que os casos das "crianças selvagens" têm suscitado e continuam ainda a suscitar.

Para o fim que temos em vista importa referir que é numa perspectiva epistemológica dualista que as implicações teóricas dos casos das "crianças selvagens" têm sido discutidas. Sublinhemos, em primeiro lugar, que essa perspectiva separa e opõe o *indivíduo* (e o respectivo potencial hereditário), por um lado, e o *meio ambiente* (e os processos de aprendizagem e de socialização), por outro.

Além disso, de fundamental importância consideramos a resposta às seguintes questões:
– O que faltou às "crianças selvagens"?
– O que impediu que as potencialidades inscritas no "capital" hereditário da espécie não se desenvolvessem?
– Porque não se tornaram crianças "como as outras" da sua idade?

Não tememos afirmar, desde já, que o que inibiu o desenvolvimento das potencialidades das crianças precocemente abandonadas e isoladas do meio cultural humano foi, sem dúvida, a privação de *relações interpessoais,* que assumem o carácter de *factores imprescindíveis ao desenvolvimento psicológico global.*

A análise dos resultados das investigações de Spitz e de Bowlby, por um lado, e dos resultados das experiências de Harlow, por outro, que passamos de seguida a expor, permitirão ir um pouco mais longe e iluminar com novos dados a resposta que formulámos às perguntas suscitadas pelos casos das crianças selvagens.

2.2. *Os efeitos das carências afectivas: as investigações de Spitz e Bowlby*

As perturbações no desenvolvimento global do psiquismo infantil provocados pela "privação afectiva parcial" e pela "carência afectiva total" foram objecto de estudo de René Spitz, psiquiatra infantil de formação psicanalítica, que realizou um vasto conjunto de observações sistemáticas em clínicas pediátricas e em orfanatos. A fim de identificar e esclarecer os efeitos da "privação afectiva parcial", Spitz observou, durante um ano e meio, um grupo de 170 crianças, das quais 34 foram privadas do convívio com as mães após seis meses de boas relações com elas.

Segundo o próprio René Spitz, "o quadro clínico destas 34 crianças mostrou um agravamento gradual em função do tempo de separação".

No 1.º mês de separação, as crianças choram com frequência, tornam-se exigentes e agarram-se ao observador que delas se aproxima.

No 2.º mês, os choros baixam de frequência, substituídos por gritos e gemidos. Verifica-se perda de peso e paragem no desenvolvimento geral. Instala-se uma sintomatologia típica, que Spitz designa por *"depressão anaclítica"*. A criança torna-se apática, permanece imóvel por longos períodos de tempo, indiferente perante o que se passa à sua volta.

No 3.º mês, observa-se uma recusa de contacto com adopção da *posição patognomónica,* em que as crianças permanecem no leito deitadas de bruços durante horas seguidas. A rigidez da expressão facial acentua-se. Surgem insónias e acelera-se a perda de peso. A tendência para contrair doenças intercorrentes aumenta consideravelmente. O atraso motor torna-se generalizado.

Após o 3.º mês de separação, a rigidez do rosto estabiliza-se, os choros cessam e os próprios gemidos diminuem de frequência. O atraso global torna-se mais pronunciado e instala-se a letargia.

Se no decorrer de um "período crítico", que se situa entre o fim do 3.º e o fim do 5.º mês de separação, a criança volta ao convívio da mãe ou é entregue a uma pessoa que a substitui, a sintomatologia descrita desaparece com impressionante rapidez.

Convém notar, diz Spitz, que, nos casos de "privação afectiva parcial", a *depressão anaclítica* só aparece desde que as relações anteriores da criança com a mãe tenham sido boas. Com efeito, nos casos em que estas relações foram más ou insatisfatórias, as perturbações provocados pela separação apresentavam uma natureza diferente. Esta verificação constitui, para Spitz, uma prova suplementar da importância das relações objectais durante o 1.º ano de vida e das consequências que a especificidade ou as modalidades *particulares* dessas relações comportam.

Pelo contrário, nos casos em que a privação afectiva é total, a separação acarreta sempre consequências funestas, quaisquer que tenham sido as relações anteriores entre a mãe e a criança.

As observações correspondentes a estes casos foram feitas, desta vez, num grupo de 91 crianças internadas num orfanato desde os três meses de idade, e entregues aos cuidados de enfermeiras que tinham a seu cargo dez ou mais crianças, em média. Do ponto de vista físico, os cuidados dispensados às crianças eram perfeitos; habitação, higiene corporal e alimentos, eram idênticos ou melhores do que os dispensados em instituições similares onde Spitz efectuou outras observações. Mas dado que as enfermeiras deviam ocupar-se ao mesmo tempo de dez crianças, cada uma delas recebia apenas a décima parte das "provisões afectivas maternas", o que Spitz considera como uma carência afectiva total.

As observações mostraram que a evolução do "síndroma do hospitalismo" seguia os mesmos estádios descritos nos casos de "privação afectiva parcial", agravando-se a partir do 4.º-5.º mês após a separação. A letargia e a descoordenação motora acentuam-se progressivamente e, em alguns casos, aparecem deficiências de coordenação ocular e posturas similares à catatonia. Do contingente total das 91 crianças observadas, 37% atingem o estado de apatia total ou de *marasmo*. Um tal estado conduziu à morte de 27 crianças, no decurso do primeiro ano de vida, e de mais 7, no decurso do segundo.

O quadro que a seguir reproduzimos (Fig. 1) resume os dados estatísticos das observações de Spitz.

Como se vê, estão indicadas as 27 crianças que morreram no decorrer do 1.º ano, e as 7 que incorreram no decurso do 2.º ano, o que perfaz um total de 37%, anteriormente referido.

Motivação e desenvolvimento da personalidade

De 4 crianças não foi possível continuar a recolher informações; 32 foram colocadas em famílias adoptivas e noutras instituições sociais, e as 21 restantes continuaram a viver ou a sobreviver no orfanato.

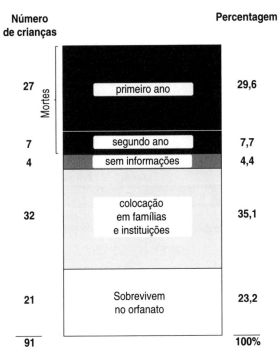

Fig. 1 – Quadro da mortalidade de crianças separadas das mães (segundo Spitz, [2]1963).

Só as 21 crianças do último sub-grupo continuaram a ser observadas por Spitz até aos 4 anos de idade.

O nível de desenvolvimento global, avaliado por diversos testes, revelou um atraso generalizado e muito nítido, que se situou, em alguns casos, no nível da idiotia.

Os dados obtidos encontram-se sumariados no quadro seguinte (Fig. 2).

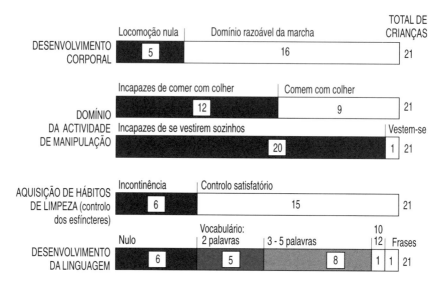

Fig. 2 – Quadro dos níveis de desenvolvimento alcançado por crianças separadas das mães (segundo Spitz, [2]1963)

Foram considerados quatro indicadores do desenvolvimento global, a saber:
– desenvolvimento corporal
– domínio da actividade de manipulação ou da coordenação de movimentos
– adaptação ao meio, avaliada pelo domínio dos esfíncteres e correlativa aquisição de hábitos de limpeza
– e, finalmente, o domínio da linguagem.

No que diz respeito ao primeiro parâmetro, verifica-se que, das 21 crianças observadas, 16 conseguem deslocar-se regularmente, mas 5 continuam, ainda aos 4 anos, incapazes de andar. Quanto à coordenação de movimentos das mãos e dos braços, apenas 9 conseguem comer com colher e as restantes 12 mostram-se incapazes de o fazer; o atraso é ainda mais generalizado no que respeita a uma actividade mais complexa como é o vestir; de facto, apenas uma criança consegue vestir-se sozinha, ao passo que as restantes 20 continuam dependentes de outrem; quanto ao 3.º aspecto, observa-se que 6 crianças permanecem, aos 4 anos, sem domínio dos esfíncteres, as restantes 15 manifestando hábitos de limpeza considerados satisfatórios. É, porém, no domínio do desenvolvimento da linguagem que o atraso se revela mais nítido. Com efeito, das 21 crianças, seis não pronunciam qualquer palavra, cinco têm um vocabulário reduzido a 2 palavras; oito um vocabulário que não vai além de 5 palavras; uma utiliza entre 10 a 12 vocábulos e apenas uma consegue exprimir-se por meio de frases.

A título de controlo, Spitz realizou observações numa outra instituição de natureza mais familiar, em que as crianças eram educadas pelas próprias mães. Durante 4 anos, em 220 crianças observadas, não se registou nenhum caso de mortalidade, o que permite afirmar que a carência afectiva completa conduz à deterioração progressiva e que esta é directamente proporcional à duração da carência.

O conjunto das observações expostas levou Spitz a concluir que "a carência de afecto provoca uma paragem no desenvolvimento de todos os sectores da personalidade". E acrescenta: "Tanto o síndroma do hospitalismo como a depressão anaclítica constituem prova irrefutável do papel fundamental que as relações objectais desempenham no desenvolvimento psicológico global".

As conclusões dos trabalhos de René Spitz, que em grande parte podem ser considerados pioneiros, foram corroboradas pelos resultados de outros investigadores, nomeadamente por Bowlby, que, tal como Spitz, é psiquiatra infantil de formação psicanalítica.

Praticamente desde o início da sua carreira, Bowlby dedicou-se ao estudo dos efeitos que as "carências afectivas", ocorridas no decurso da primeira infância, provocam no desenvolvimento somático e psicológico das crianças.

Cinco Ensaios sobre Motivação

Em 1950, por solicitação da Organização Mundial de Saúde, reuniu um numeroso conjunto de dados sobre o assunto num volume significativamente intitulado: *Cuidados maternos e saúde mental* onde, a certo passo, afirma "ficar claramente demonstrado que os cuidados maternos no decurso da primeira infância desempenham papel essencial no desenvolvimento harmonioso da saúde mental". Considerando que as relações afectivas que se estabelecem entre mãe e filho constituem um *organizador psíquico*, compara o papel que elas desempenham na embriologia do psiquismo ao que é desempenhado pelos *organizadores químicos* no desenvolvimento embriológico do corpo humano. "De facto, para que o crescimento se processe sem entraves, os tecidos devem ser submetidos à influência de organizadores adequados, durante certos períodos críticos. Passa-se o mesmo no domínio do desenvolvimento psicológico; parece necessário que o psiquismo indiferenciado da criança seja submetido, durante certos períodos críticos, à influência do organizador psíquico que é a mãe" (Bowlby, 1951, p. 61).

A importância radical que a ligação da criança à mãe assume no decurso dos primeiros meses de vida conduziu Bowlby a uma reflexão aprofundada acerca da origem e natureza desse vínculo afectivo, reflexão que paulatinamente se foi afastando da concepção psicanalítica "clássica". De facto, embora o pensamento de Freud a este respeito tenha sido expresso em vários textos que permitem interpretações algo diferentes, a concepção mais difundida e aceite entre os psicanalistas acerca da ligação afectiva da criança à mãe considera-a como uma formação psíquica *secundária* ou derivada da satisfação da necessidade de alimento, satisfação auto-erótica que progressivamente se transferiria para a mãe como objecto de investimento libidinal secundário.

Em 1958, num artigo precisamente intitulado *A natureza da ligação da criança com a mãe*, Bowlby exprime, ainda com alguma cautela, certas dúvidas e reservas a respeito da validade da concepção psicanalítica, sugerindo que os dados recolhidos por ele próprio e por outros investigadores permitiam já considerar que a ligação entre mãe e filho constitui um vínculo afectivo de natureza *intrínseca* ou *primária* e não secundária.

Motivação e desenvolvimento da personalidade

Em abono da plausibilidade da hipótese esboçada, Bowlby refere os resultados dos estudos dos etologistas sobre o fenómeno do *imprinting*, os resultados das investigações de Spitz sobre os factores determinantes do "sorriso" como resposta social nos primeiros três meses de vida e, em nota muito breve, os dados recolhidos por Harlow nas suas experiências com crias de macacos rhésus, que iremos de seguida examinar.

Nas suas últimas obras publicados, Bowlby (1969, 1973) contesta abertamente a concepção psicanalítica acerca da origem e natureza da ligação afectiva a partir da satisfação da necessidade de alimento.

2.3. *As experiências de Harlow sobre "a natureza do amor"*

Vejamos, finalmente, o terceiro grupo de dados que invocamos em apoio da teoria relacional da motivação e da personalidade.

O objectivo originário das experiências que Harlow realizou, durante três anos, de 1954 a 1957, foi, sem dúvida, o de identificar qual o factor determinante da vinculação afectiva entre mãe e filho, objectivo que pressupunha certas reservas da parte de Harlow relativamente à concepção da natureza secundária (ou aprendida) daquela vinculação. De facto, por detrás daquele objectivo encontra-se um outro que consistia em testar a validade do princípio hulliano da redução da tensão e, consequentemente, da teoria explicativa do "amor filial" como um motivo secundário, derivado ou aprendido pelo *mecanismo de reforço*.

A concretização deste objectivo exigia que se pudesse separar experimentalmente a função de agente principal de satisfação da necessidade de alimento, assegurada em geral pela mãe, de outras funções que ela também desempenha. Tornava-se, pois, necessário que as experiências desligassem o que nas condições normais da vida se encontra unido, isolando a variável "satisfação da necessidade" de outras variáveis hipoteticamente responsáveis pelo estabelecimento do vínculo afectivo.

Compreende-se, pois, que as experiências tivessem sido realizadas com crias de animais e não com crianças humanas.

Antes ainda de referir o modo como Harlow planeou e organizou as experiências, talvez convenha mencionar que as dúvidas ou as reservas de Harlow acerca do princípio da redução da tensão derivavam em primeiro lugar dos resultados por ele obtidos nas experiências sobre a actividade exploratória dos macacos, actividade que era sustentada sem que qualquer recompensa alimentar lhe fosse concedida e, por conseguinte, sem que se verificasse qualquer redução da tensão ou restabelecimento do equilíbrio homeostático. Em segundo lugar, no decurso de vários anos de experiências diversas com antropóides rhésus, Harlow teve oportunidade de observar o apego que as crias destes animais manifestavam pelo tecido de gaze que cobria o chão de arame das jaulas em que se encontravam. Verificou, por exemplo, alguns casos de mortalidade em macacos recém-nascidos, retirados da mãe e colocados em jaulas com chão de arame sem cobertura de pano. Nestas condições e apesar de devidamente alimentadas a biberão, as crias do macaco dificilmente sobrevivem para além do 5.º dia.

A este respeito, diz Harlow, em tom jocoso, que "para se ter um macaco normal é preciso mais alguma coisa que boa alimentação e uma cela".

Dito isto, passemos à descrição sumária das experiências e dos principais resultados obtidos.

Harlow colocou numa jaula comum dois cilindros de arame de tamanho idêntico à estatura de macacos adultos, um dos quais foi coberto de uma camada de borracha esponjosa revestida de um tecido felpudo, tal como se pode observar na Figura 3. Os dois cilindros eram aquecidos por calor radiante e apetrechados, na parte central, com um dispositivo onde podia ser colocado um biberão destinado ao alimento das crias que, à nascença, eram separadas das mães e colocadas de imediato na jaula com o "modelo maternal duplo". A experiência comportou duas variantes ou duas condições experimentais diferentes: numa, o biberão encontrava-se colocado no mo-

Motivação e desenvolvimento da personalidade

delo maternal revestido ou "mãe felpuda", que desempenhava, assim, o papel de fonte de satisfação da necessidade de alimento; na outra variante, esta função era desempenhada pelo modelo maternal sem revestimento ou "mãe de arame".

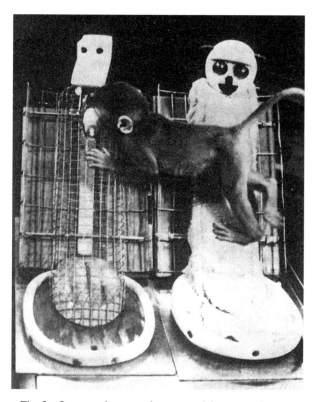

Fig. 3 – Imagem de uma cela com modelo maternal duplo

A cada uma destas condições foram submetidas 4 crias de macacos rhésus.

A arquitectura da experiência estava bem concebida e adequada aos objectivos visados, nomeadamente ao que se propunha testar a validade da teoria da aprendizagem do vínculo afectivo por reforço resultante da satisfação da necessidade de alimento.

Cinco Ensaios sobre Motivação

De facto, segundo esta teoria, dever-se-ia prever que, em ambas as condições, o vínculo afectivo se estabelecesse com o modelo maternal dispensador de alimento, ou seja, com o modelo revestido, na primeira condição, e com o modelo de arame, na segunda.

Quais foram os resultados? De forma inequívoca, mostram-nos que todos os animais observados manifestam uma nítida preferência pelo modelo revestido, mesmo que não sejam alimentados por ele. Os dados quantitativos encontram-se resumidos nos gráficos das Figuras 4 e 5.

No gráfico correspondente aos resultados da condição I, verifica-se que o número médio de horas que os animais permanecem junto do modelo de arame é muito reduzido, significativamente inferior ao número médio de horas que passam junto à "mãe de pano".

Na condição II, porém, a "mãe de pano" continua a ser preferida em relação à "mãe de arame", apesar de ser esta que satisfaz a necessidade de alimento. O número médio de horas que, nesta condição experimental, as crias passam junto da "mãe de arame" não é diferente daquele que passam junto do mesmo modelo, na 1ª condição. Quer dizer, uma "mãe de arame", embora dispense o alimento necessário à sobrevivência, não facilita "a vinculação afectiva". Além disso, verifica-se até um aumento significativo no número de horas de permanência junto do "modelo revestido", em função da idade, facto que se deveria registar relativamente ao "modelo de arame", se a teoria da redução da tensão fosse válida.

Em suma, os dados contrariam inteiramente a teoria do desenvolvimento da ligação afectiva a partir da satisfação da necessidade de alimento, e do mecanismo correlativo do restabelecimento do equilíbrio homeostático.

Os resultados indicam de forma concludente que a vinculação afectiva é determinada pelo *contacto táctil* ou pelo *conforto de contacto* que o modelo maternal revestido proporciona e que o modelo de arame, mesmo saciando a fome, não dispensa.

Harlow prolongou as experiências a fim de testar o desenvolvimento do afecto das crias pelas "mães de pano" em diferentes condições experimentais.

Todos sabemos que as crianças tendem a refugiar-se junto das mães, perante objectos estranhos ou situações pouco

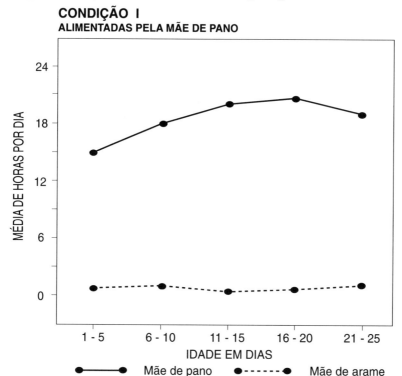

Fig. 4 – Comparação entre os tempos que as crias observadas na primeira condição experimental passam junto de cada um dos modelos maternais (segundo Harlow, 1958)

familiares, suscitadoras da emoção de medo. Harlow realizou uma réplica experimental desta situação, introduzindo na jaula com modelo maternal duplo um boneco articulado como o da Figura 6, e observou que todas as crias corriam de preferência para a "mãe de pano", agarrando-se fortemente a ela, e isto independentemente de ser ou não lactante.

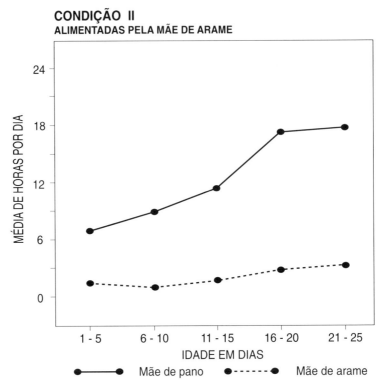

Fig. 5 – Comparação entre os tempos que as crias passam junto de cada um dos modelos maternais na segunda condição experimental (segundo Harlow, 1958)

A segurança que as crias encontram junto das mães reais em situações ameaçadoras é idêntica à segurança que é dispensada pelo modelo maternal revestido. A esta conclusão conduzem os resultados de experiências que Harlow designou por "situações de campo aberto". As crias são colocadas em salas amplas, nas quais se encontram espalhados diversos objectos. Quando o modelo maternal está presente, verifica-se comportamento idêntico ao que foi observado na situação de medo anteriormente referida. O animal encolhe-se junto ao

Motivação e desenvolvimento da personalidade

Figura 6 Comportamento típico ...

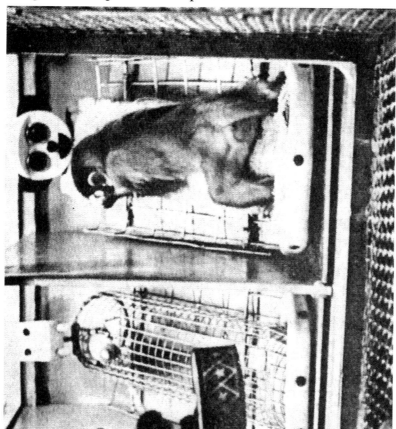

modelo maternal, e só passado algum tempo, ousa explorar o ambiente, mas apenas visualmente. E pouco a pouco arrisca mesmo a exploração activa. Todavia, num primeiro momento, conserva-se ainda ligado ao modelo maternal, conforme mostra a Figura 7. A subsequente familiarização com o meio leva a afastamentos maiores, mas verificam-se frequentes regressos ao contacto com o modelo maternal.

Fig. 7 – Exploração de objectos numa situação de campo aberto com presença do modelo materno

Se, no decurso da actividade exploratória, o experimentador retira o modelo maternal, o comportamento dos animais modifica-se inteiramente. Diz Harlow que só um registo filmado e sonoro poderá descrever as manifestações de ansiedade dos jovens macacos.

Uma vez privados do modelo segurizador, os animais cessam por completo as actividades de exploração, permanecendo imóveis, enrolados sobre si mesmos, em geral no próprio local onde anteriormente se encontrava o modelo materno.

Motivação e desenvolvimento da personalidade

Comportamento semelhante é manifestado pelos animais introduzidos na situação de campo aberto sem a presença do modelo materno desde início. A diferença principal, nestes casos, consiste na imobilização dos animais a um canto da sala. Se o experimentador introduz o modelo maternal, os animais projectam-se rapidamente para ele, agarrando-o com força, procurando enterrar a cabeça por entre as pregas do revestimento felpudo, esfregando energicamente o seu corpo de encontro ao corpo da "mãe de pano". Tempo depois, começam a manifestar curiosidade pelos objectos espalhados pela sala e a executar comportamentos de exploração semelhantes aos descritos na primeira situação de campo aberto.

Assinalámos até aqui os resultados das experiências que Harlow descreveu no seu artigo de 1958 e que intitulou, um tanto provocadoramente, "A natureza do amor". Na mesma linha destas experiências, Harlow e os colaboradores realizaram numerosas investigações experimentais com resultados que corroboraram as conclusões anteriormente apontadas. Algumas delas tiveram por objectivo estudar os efeitos da *privação materna* no desenvolvimento global do comportamento dos filhotes dos macacos rhésus. No 2.º ou 3.º meses, as crias eram retiradas das mães reais e colocadas em jaulas isoladas ou com outras crias. A deterioração do desenvolvimento é inequívoca, com adopção de *atitudes* e *posturas regressivas*, assaz características, cujo paralelismo com os efeitos produzidos pelas carências afectivas no desenvolvimento das crianças no decurso do primeiro ano de vida é bastante acentuado.

Importa sublinhar que os objectivos teóricos que Harlow se propôs alcançar foram plenamente conseguidos.

De facto, Harlow pôde demonstrar que o desenvolvimento da ligação afectiva entre mãe e filho depende menos da satisfação da necessidade primária de alimento do que da satisfação da necessidade também primária de contacto corporal. Esta *relação íntima* constitui uma exigência ou necessidade básica não só para o desenvolvimento do vínculo afectivo mas também para o desenvolvimento global do psiquismo.

Deste modo, a distinção entre motivos primários e motivos secundários sofreu novo abalo, na sequência de outros resultantes de investigações experimentais no domínio da motivação das actividades cognitivas. As teorias que concebem os motivos sociais como motivos secundários ou derivados, por "condicionamento" ou por "transfert", dos motivos bio-fisiológicos, como a teoria neo-behaviorista de Hull e a teoria psicanalítica, ficaram, assim, seriamente postas em causa.

3. Motivos, aprendizagem e desenvolvimento contínuo da personalidade

As implicações teóricas dos dados respeitantes às "crianças selvagens", às observações sistemáticas de Spitz e de Bowlby e às experiências de Harlow, apresentam entre si uma convergência impressionante.

De facto, todos elas põem em evidência a *requiredness,* a indispensabilidade, desde o primeiro dia de vida e no decurso dos 2-3 primeiros anos, de *relações interpessoais íntimas* para um crescimento saudável da personalidade. A ausência, por privação total ou parcial, de tais *relações constitutivas da personalidade* no decorrer dessa sucessão de "períodos críticos" e "períodos sensíveis" que a primeira e a segunda infâncias constituem, compromete de forma gravosa ou até mesmo irreversível o desenvolvimento psicológico global.

O estabelecimento de relações intersubjectivas não pode, por conseguinte, deixar de ser vista como a concretização de um motivo ou necessidade primária, tão primária e indispensável ao funcionamento e desenvolvimento da unidade organismo-mundo, como a necessidade de trocas bio-fisiológicas ou a necessidade de exploração e de organização cognitiva.

É por estas razões que a teoria relacional da motivação e da personalidade, desenvolvida por Nuttin desde há alguns anos, nos aparece como susceptível de integrar numa síntese articuladora não

Motivação e desenvolvimento da personalidade

só os resultados das investigações anteriormente referidas, como as implicações teóricas que deles decorrem.

Para Nuttin, conforme atrás ficou dito, os motivos, enquanto *esboços* ou *esquemas* de relações organismo-mundo indispensáveis à preservação e desenvolvimento dessa unidade funcional, constituem os factores primários da formação e do desenvolvimento da personalidade.

Considerar os motivos como os factores fundamentais do desenvolvimento da personalidade não significa de modo algum ter por irrelevantes os processos de maturação e de aprendizagem. A teoria relacional não os nega. Pelo contrário. Tanto a maturação como a aprendizagem constituem processos pelos quais se opera a concretização dos motivos. De facto, enquanto esboços ou esquemas dinâmicos de interacção organismo-mundo, os motivos possuem uma *orientação preferencial intrínseca* por uma vasta categoria ou classe de objectos, mas a conexão dos motivos a este ou àquele objecto particular não é específica nem predeterminada. Neste sentido, os motivos possuem uma margem de indeterminação nas suas relações objectais *concretas,* o que permite que eles sejam preenchidos ou realizados por uma variedade grande de relações objectais. É precisamente no processo de concretização ou de determinação concreta dos motivos que intervêm os processos de aprendizagem.

Note-se que os motivos não são aprendidos, uma vez que radicam na estrutura biológica de cada espécie; produto da aprendizagem são os caminhos, os "mapas cognitivos", as estruturas "meios-fins" que conduzem à realização dos motivos.

Assim concebidos, não admira que os motivos apresentem algumas semelhanças com as pulsões, tal como Freud as tematizou.

Com efeito, tal como as pulsões, têm os motivos uma *origem* biológica, possuem uma componente *dinâmica* ou *força* capaz de pôr o organismo em movimento, apresentam uma *direcção* ou *orientação intrínseca* e, finalmente, são *indeterminados quanto ao objecto*.

A grande diferença entre a teoria psicanalítica das pulsões e a teoria relacional dos motivos reside no modo como é concebido o *funcionamento* de umas e de outras.

Para Freud, o princípio básico regulador de toda a actividade psíquica, a que o próprio dinamismo pulsional está submetido, é o *princípio da constância* do meio interno. Toda a estimulação que age sobre o "aparelho psíquico" gera, por isso, um aumento de tensão, um desequilíbrio, constituindo, por conseguinte, uma fonte de *desprazer* a evitar. Nesta medida, o movimento *primário* do "aparelho psíquico" seria não a aproximação mas o afastamento ou, pelo menos, o evitamento dos objectos externos, origem de estimulação, de perturbação do equilíbrio interno, de desprazer. Só *secundariamente* é que os objectos seriam requeridos como *meio* de investimento ou de descarga da energia pulsional, da qual, como se compreende, o organismo não pode fugir ou afastar-se. Para reduzir o aumento da tensão interna, provocado pelas excitações pulsionais, o "aparelho psíquico" busca, então, aproximar-se dos objectos, como única *via* ou *meio* de voltar a restabelecer o equilíbrio interno, que é o critério do *prazer* e o fim primário do funcionamento do "aparelho psíquico" (Nuttin, 1956; Abreu, 1975).

Não é assim que a teoria relacional concebe o funcionamento dos motivos. Uma vez que o desenvolvimento do organismo exige de forma primária a aproximação, o contacto ou o estabelecimento de relações comportamentais com os objectos do mundo externo, o princípio básico do funcionamento dos motivos não é, pois, o da *redução da tensão* ou do restabelecimento do equilíbrio homeostático mas o da *persistência* da tensão ou da "homeoquinesia", para utilizar uma designação cunhada por Smith e Smith (1966).

No caso do homem, dada a interacção dos motivos e das actividades cognitivas, tal persistência assume frequentemente a forma de *projectos, tarefas* e *planos de acção,* os quais asseguram ao dinamismo do comportamento humano uma *perspectiva temporal* específica porque, integrando e superando o passado, inclui já e também o *futuro,* onde muitos projectos e aspirações do homem se situam.

É igualmente por insistir no poder ou eficácia explicativa da especificidade desta *perspectiva temporal*, característica do funcionamento e do desenvolvimento dos motivos e da personalidade, que a teoria relacional se afasta quer das concepções neo-behavioristas do reforço quer da concepção psicanalítica, as quais, acentuando o papel constitutivo das experiências passadas, negligenciaram a dimensão *projectiva* e *criadora* que a motivação e o desenvolvimento da personalidade humana inequivocamente comportam e revelam.

As relações interpessoais da primeira infância desempenham um papel construtivo radical, assumindo o carácter de relações constitutivas ou constituintes da personalidade; a ausência ou privação delas, as suas deformações, obstáculos ou deficiências, provocam perturbações diversas – regressões, fixações, bloqueios ou paragens – no desenvolvimento global da personalidade, conforme procurámos mostrar ao analisarmos os casos das "crianças selvagens", os dados das observações de Spitz e de Bowlby, e os resultados das experiências de Harlow.

E é a própria *persistência* da motivação, como exigência de novas modalidades de interacção "organismo-mundo", que, conferindo suporte dinâmico ao *desenvolvimento contínuo e inacabado da personalidade,* permite igualmente que as suas deficiências, deformações e dificuldades sejam *como tal* consideradas pelo próprio e pelos outros.

Apenas mais uma consideração para concluir. Em 1972, e posteriormente em 1974, René Zazzo, articulando um conjunto de implicações teóricas a partir dos dados das observações de Bowlby e dos resultados das experiências de Harlow, a que atribui o estatuto de "marco histórico" no estudo do desenvolvimento psicológico, considera que tais resultados, demonstrando o carácter primário das ligações afectivas e abalando, por conseguinte, noções fundamentais da psicanálise, possibilitam e exigem *uma nova teoria da afectividade*.

Concordando com muitos tópicos da exposição de Zazzo, permitimo-nos todavia discordar desta sua conclusão final e englobante. Consideramos, sim, que os resultados das investigações de Bowlby e de Harlow abalaram profundamente a perspectiva *isola-*

cionista-individualista da personalidade ou da "psicologia de um só corpo" (*"one-body psychology"*) fortalecendo, deste modo, a *perspectiva dinâmico-relacional,* nomeadamente, a teoria relacional da motivação e da personalidade.

Será necessária uma *nova* teoria da afectividade ou da origem e desenvolvimento dos afectos?

Cremos que a resposta ficou aqui apontada nesta lição-síntese.

CAPÍTULO II
MOTIVOS E ORGANIZAÇÕES COGNITIVAS NA CONSTRUÇÃO DA PERSONALIDADE *

1. Considerações epistemológicas preliminares

1.1. *A dessubjectivização do psiquismo e o retorno ao sujeito*

A afirmação de que *todo o comportamento é motivado* já não provoca hoje a resistência ou a rejeição que suscitou no auge da "revolução behaviorista"; presentemente, quase todos os sistemas teóricos a perfilham, embora nem todos com idêntico grau de convicção e de coerência.

Como sinal de uma progressiva tomada de consciência das limitações e lacunas da *dessubjectivização* do psiquismo, realizada, sob formas diferentes, pelos dois primeiros "momentos" da cientificação da Psicologia, fala-se também com frequência no "regresso da pessoa" ou do "homem integral" à Psicologia Científica (Fraisse, 1976; Herriot, 1975; Joyce-Moniz, 1979; Rogers, 1977).

Reconhece-se, deste modo, que todo o comportamento humano é personalizado, i. é., integrado num *Eu,* expressão de um *sujeito,* resultante da interacção contínua da *Pessoa* e do *Mundo.*

---

* Texto inicialmente publicado no *Revista Portuguesa de Pedagogia*, XVI, 1982.

Ao contrário do que defendiam as concepções teóricas subjacentes à Psicofísica e à Psicofisiologia do séc. XIX, enquanto modalidades mais representativas da Psicologia científica dos estados e conteúdos da consciência e, por conseguinte, do *primeiro "momento" da constituição da Psicologia como Ciência,* o sujeito não é um mero *espectador neutral ou "objectivo"* dos fenómenos que ocorrem na cena interior da sua consciência, a que por introspecção tem acesso directo; também não é o organismo vazio ou o mecanismo reactivo ou reflexo a que pretendeu reduzi-lo o behaviorismo, que constituiu o *segundo "momento" da cientificação da Psicologia.* No contexto teórico do "behaviorismo subjectivo", o *terceiro e actual "momento" da ciência do comportamento,* o sujeito é considerado como instância activa e selectiva do seu próprio comportamento, capaz de o modelar e regular em função de *objectivos* e de *finalidades* a alcançar, por um lado, e das condições ou das disponibilidades do *meio,* por outro (Abreu, 1978).

Daqui a renovação e a relevância que o estudo da motivação e da personalidade, a par da aceitação crescente da Psicologia cognitiva, tem vindo progressivamente a conhecer, mesmo no domínio da Psicologia Experimental, tradicionalmente mais afecto a análises segmentares ou "microscópicas", de fácil operacionalização laboratorial, do que a análises situacionais, mais complexas, porque mais próximas das condições concretas da existência.

Mas não nos devemos iludir. Apesar dos sinais positivos de uma maior aproximação das diferentes concepções teóricas relativamente ao *real psicológico,* os conceitos de motivação e de personalidade não são pacíficos, pois as perspectivas teóricas acerca da explicação mais radical do comportamento reflectem-se neles, originando assim teorias diferenciadas acerca da natureza, funcionamento e desenvolvimento dos motivos e da personalidade.

1.2. Crítica à concepção de ciência como descrição e acumulação de "factos".

Da existência de diversas concepções teóricas que se pretendem igualmente explicativas do comportamento não é legítimo, porém, deduzir-se qualquer diminuição quanto ao estatuto científico da Psicologia. Na verdade, vai longe o tempo em que se considerava que a Ciência consistia na recolha, descrição, classificação e acumulação de *factos,* sem qualquer consideração ou referência aos postulados teóricos subjacentes à "grelha de leitura e interpretação" dos fenómenos, ocorrências ou manifestações do real apreendidas ou percepcionadas pelos nossos "órgãos dos sentidos".

Os "factos" científicos não constituem uma imposição do real; eles resultam, antes, de um trabalho de organização ou de estruturação cognitiva de diversos "índices" a que a actividade da razão procura dar sentido e inteligibilidade. É nesta medida que se afirma que o *facto é feito* ou construído, um "construto" que a razão elabora na sua tentativa de dar inteligibilidade ao que nos aparece na experiência. Neste horizonte construtivista se deve entender a conhecida afirmação de Goethe segundo a qual "todo o facto é já teoria". Na verdade, logo ao tentarmos identificar ou designar verbalmente um fenómeno não podemos deixar de o enquadrar de imediato num contexto conceptual, numa rede de conceitos, numa "grelha de leitura" a que subjaz uma concepção teórica mais vasta. E se ao nível da observação, da apreensão ou da percepção dos fenómenos, já é reconhecível a intervenção de uma grelha cognitiva, mais difícil se torna evitar reconhecer a participação do "corpus" teórico ao nível da explicação desses mesmos fenómenos.

O estatuto e o progresso do conhecimento científico respeitante a um determinado sector ou região do real não se fundam na crescente acumulação e conservação de "factos". Esta concepção estático-positivista da ciência está há muito ultrapassada. Os grandes epistemólogos do nosso século, entre os quais nos permitimos salientar Karl Popper (1971), convergem em considerar que o principal factor do progresso da Ciência reside não na descrição e acumulação de factos, mas no *confronto* e subsequente *escolha entre concepções teóricas* concorrentes ou alternativas para a explicação dos fenómenos observados. Este confronto obedece, sem dúvida, a certas regras. É a sua observância que, conduzindo a uma *opção* ou *escolha fundamentada* entre as teorias concorrentes, garante ao mesmo tempo o estatuto científico do sistema conceptual que melhor provas der de *testabilidade;* ou seja, a capacidade de mostrar a sua validade, "resistindo" ao teste da *refutabilidade* ou da *falsificabilidade,* submetendo-se a condições experimentais de tal modo planeadas – e esta é uma regra fundamental – que permitam por igual a todas as teorias em confronto revelar a sua validade, se acaso forem válidas, ou a sua falsidade se acaso forem falsas. Para que uma hipótese explicativa ou interpretativa possa assumir o estatuto de explicação científica não basta a sua confirmação empírica ou experimental; para tanto, torna-se indispensável que se submeta à prova experimental feita em condições tais que não favoreçam apenas a sua confirmação, mas permitam também a sua rejeição, se porventura for caso disso. Se o "experimental design" não comportar esta última condição experimental, os resultados não poderão ser considerados concludentes.

2. **Fundamentação da escolha das teorias relacionais ou construtivistas da motivação e da personalidade**

No Capítulo anterior procurámos explicitar a articulação e a convergência de um conjunto sistemático de dados empíricos, de observações clínicas e de resultados experimentais que, além de justificar a consideração de que os motivos constituem factores de desenvolvimento da personalidade, permitem fundamentar a escolha de teorias dinâmico-relacionais, interaccionistas ou construtivistas da personalidade relativamente às teorias elementaristas, analítico-sintéticas, isolacionistas ou individualistas.

2.1. Comportamento e personalidade: unidade relacional sujeito-mundo.

A personalidade é insuficientemente compreendida se a considerarmos como um aglomerado cumulativo ou como uma síntese de "traços" psicológicos ou de modalidades habituais ou constantes de agir, quer a síntese seja exclusivamente *intra-psíquica,* agregando apenas características psicológicas, quer seja *somato-psíquica,* juntando "traços" psicológicos com características somáticas (como é o caso, entre outras, das tipologias de Kretschmer e de Sheldon).

Não afirmamos, note-se, que esta via elementarista-associacionista de aproximação da realidade psicológica que o conceito de personalidade recobre seja errónea; dizemos apenas que é insuficiente.

Para uma compreensão mais adequada da personalidade importa partir da *unidade de interacção funcional ou comportamental sujeito-mundo* e não da dicotomia tradicional em que cada um dos pólos dessa unidade é tratado separadamente e, além disso, considerados ambos como radicalmente contrários ou opostos.

É nesta perspectiva isolacionista e separatista, em que o organismo e o meio, o indivíduo e a sociedade, são vistos como antagónicos, que teve origem o conceito de *socialização,* como conjunto de processos pelos quais o indivíduo assimila regras, atitudes e valores do grupo social em que vive por forma a suscitar a aceitação deste e a sua integração nele. *Socialização* e *individuação* constituiriam, assim, processos com vectores dinâmicos opostos e susceptíveis, por conseguinte, de gerar conflito.

Colocando-nos numa posição de análise objectiva do comportamento, organismo e mundo são indissociáveis; e, por isso, a personalidade não pode ser vista senão como constituída pela textura de relações do sujeito com as situações de vida, com o seu "mundo próprio" *(umwelt),* mundo de objectos e de pessoas, com o qual mantém um conjunto de trocas indispensáveis à actualização e desenvolvimento do repertório de respostas do organismo.

Daqui resulta que para compreender o desenvolvimento da personalidade não basta tomar em consideração os processos bio-fisiológicos da maturação, como pretendia a vertente inatista das concepções isolacionistas; nem é, de igual modo, suficiente ter em conta exclusivamente as contingências do meio externo ou a gestão, mais ou menos programada, dos estímulos desencadeadores de respostas e de reforços ou incentivos subsequentes.

Para o fim em vista, importa chamar a atenção para a existência de trocas ou de relações fundamentais entre o organismo e o mundo, e que são requeridos, necessárias, imprescindíveis para o desenvolvimento das potencialidades do organismo.

Se a concretização de tais relações comportamentais sofrer obstáculos ou limitações que a impeçam ou perturbem, é o próprio funcionamento e o salutar desenvolvimento da personalidade que é impedido ou perturbado.

São estas relações que, pelo seu carácter de exigência ou de imprescindibilidade, constituem os *motivos,* na perspectiva da teoria dinâmico-relacional ou interaccionista do comportamento.

2.2. *Natureza e características gerais dos motivos.*

Acrescente-se de imediato que tais relações sujeito-mundo indispensáveis ao desenvolvimento da personalidade não são apenas as de natureza bio-fisiológica, de assimilação e eliminação de substâncias indispensáveis à manutenção da energética orgânica. Nem é a partir da satisfação destas necessidades bio-fisiológicas, tidas pelas concepções behavioristas e neobe haviristas como necessidades primárias, que derivam as *necessidades cognitivas* e as *necessidades sociais,* consideradas naquele horizonte teórico, como necessidades secundárias, adquiridas ou aprendidas em função das contingências do meio. Conforme mostrámos no Capítulo anterior, os casos cientificamente fidedignos de "crianças selvagens", as observações sistemáticas de Spitz (1963) e de Bowlby (1951) acerca dos efeitos negativos provocados pelas carências afectivas no desenvolvimento global do comportamento no decurso dos dois primeiros anos de vida, e, nomeadamente, as experiências laboratoriais de Harlow (1958), além de muitos outros dados experimentais convergentes, vieram provar que o estabelecimento de relações cognitivas e de contacto interpessoal é tão necessário ao desenvolvimento salutar do organismo como a satisfação de necessidades homeostáticas [1]. As experiências de Harlow, que Zazzo (1974) considerou como um marco histórico da Psicologia, demonstraram de *forma crucial* que as necessidades sociais, de comunicação e de contacto interpessoal não derivam da satisfação da necessidade de alimentação, invalidando, assim, as concepções teóricas, tanto as psicanalíticas como as neo-behavioristas, que defendem tal proveniência por intermédio do mecanismo da redução da tensão correlativa da necessidade ou do restabelecimento do equilíbrio homeostático.

As necessidades sociais, como de resto, as necessidades cognitivas são tão primárias ou tão fundamentais como as necessidades bio-fisiológicas da alimentação, do descanso pelo sono ou da descarga da tensão sexual.

Na perspectiva relacional ou interaccionista do comportamento, podemos definir os motivos ou necessidades como *esquemas* ou *esboços* de relações entre o organismo e o mundo indispensáveis ao funcionamento e crescimento do primeiro, constituindo, assim, factores dinâmicos fundamentais da personalidade, enquanto estrutura funcional sujeito-situação.

As principais características dos motivos reportam-se à sua *origem*, ao seu *dinamismo,* força ou capacidade de mobilização, à sua

---

[1] Algumas implicações práticas decorrentes das investigações de Spitz e de Bowlby foram concretizadas tardiamente. Assim, por exemplo, no nosso País a legislação que favorece a estadia dos pais junto dos filhos hospitalizados só em 1981 foi aprovada. Neste caso, como em muitos outros, a Ciência, longe de ser conservadora, abriu os caminhos a seguir, revelando-se uma vez mais como fonte inspiradora de medidas práticas, motor de inovação e de progresso não apenas no domínio do saber, mas no domínio da qualidade de vida.

orientação ou *direcção intrínseca* para um objectivo e à sua *indeterminação* comportamental ou elasticidade de concretização.

Enquanto esquemas ou esboços de relações potenciais entre o organismo e as suas condições de vida, os motivos inscrevem-se na estrutura biológica da espécie, sendo por conseguinte inatos; todavia, eles não são "programas" de comportamentos geneticamente determinados, susceptíveis de execução acabada ou uniforme mediante a acção de um estímulo desencadeador.

Sendo forças ou vectores dinâmicos preferencialmente orientados para o estabelecimento de relações favoráveis ao funcionamento e desenvolvimento da personalidade, os motivos não constituem uma *sequência de actos* que possa ser posta em execução à maneira dos instintos. Não é o repertório sequencial de respostas ou de actividades susceptíveis de concretizar as relações requeridas que é inato. Inato é, sim, o vector dinâmico que orienta o organismo preferencialmente para o contacto com determinadas categorias ou classes de objectos ou situações e não com outras. Esta direcção preferencial ou orientação selectiva do organismo para o contacto, relação ou troca com determinadas categorias de objectos ou de situações não é adquirida, mas intrínseca. Em vez de *produto* da aprendizagem, a orientação selectiva dos motivos é, antes, *condição* do processo de aprendizagem, ligada como está à própria determinação do "incentivo" ou da "recompensa".

3. Concretização comportamental dos motivos e actividades de organização cognitiva

3.1. *Motivos, interesses e construção cognitiva de "sistemas de relações entre meios e fins"*

Mas se os motivos, enquanto tais, não são aprendidos, já a sua actualização ou concretização comportamental, porque não "programada" geneticamente, é tributária de processos intermediários mais ou menos complexos, entre os quais as diferentes modalidades de aprendizagem.

A concretização dos motivos ou das necessidades fundamentais depende de um sistema de meios-fins, requerendo um conjunto mais ou menos complexo de actividades e de aquisições que, por se situarem entre os motivos e o objectivo ou finalidade a alcançar, constituem o vasto campo dos *interesses*.

Os *interesses*, de acordo, aliás, com a etimologia (*inter* + *esse* = ser ou estar entre), são actividades, objectos ou acontecimentos que revestem *valor instrumental* relativamente à concretização de uma necessidade; enquanto *meios* para a obtenção de um objectivo valioso, requerido ou indispensável, a sua capacidade dinâmica ou de mobilização advém do dinamismo do motivo subjacente.

No homem, a elaboração cognitiva dos motivos e a procura de um sistema de relações meios-fim com vista ao estabelecimento da interacção requerida determinam que os motivos revistam a modalidade de *tarefas, planos* ou *projectos de acção*. A prossecução destes projectos exige frequentemente uma sequência de actividades mais ou menos longa (Nuttin, 1965, 1980). A organização sequencial das actividades intermédias é dinamicamente *sustentada* pela *persistência da tensão* de *tarefa*, modalidade de funcionamento dos motivos que caracteriza melhor a motivação humana do que o mecanismo bio-fisiológico da redução da tensão ou do restabelecimento do equilíbrio homeostático.

A eficácia da expansão ou do alargamento do dinamismo motivacional às actividades instrumentais intermediárias parece depender, em grande parte, da organização de *sentido* ou das relações significativas entre essas actividades e o objectivo ou finalidade da motivação originária.

A *desmotivação* ou o *desinteresse* por uma actividade intermédia radica frequentes vezes na ausência de *sentido,* na inexistência ou na fragilidade da *estruturação cognitiva das relações entre os meios* disponíveis e o *fim* a alcançar.

Mas do "desinvestimento" de certos meios ou da "não valoração" de actividades intermédias não deve inferir-se a ausência de motivação. Ela poderá existir, o que falta é a percepção clara do *para quê*, da relação entre os *meios* e o *fim*.

Algo de semelhante ocorre com a concretização dos motivos em função das diferenças culturais. A concretização de um mesmo motivo pode revestir formas comportamentais muito diversificadas consoante as culturas. O motivo de consideração ou de valorização social do eu perante outrem pode variar de cultura para cultura (Leblanc, 1960). E não é pelo facto de a modalidade concreta de realização de um determinado motivo fundamental revestir uma grande variabilidade em função do contexto cultural que se deve concluir pela variabilidade ou diferença de motivos subjacentes. Esta foi uma atitude característica de certas correntes de Antropologia Cultural, nomeadamente de Malinovsky (1927), a que a Antropologia Estrutural de Lévi Strauss (1958) se contrapôs insistindo na identificação de "invariantes" ou de "sistemas básicos de relações". Em Psicologia, a descoberta dos "invariantes" sob diferentes "espécies" comportamentais não é facilmente alcançada sem a remissão para a esfera do *sentido* ou do *significado* atribuído pelo sujeito ao seu próprio comportamento.

3.2. *Indeterminação comportamental dos motivos e especificidade do conceito de "história pessoal"*

É pela sua indeterminação comportamental e correlativa elasticidade de concretização que os motivos se aproximam mais das pulsões, tal como Freud (1915; 1968) as tematizou, do que dos instintos. Tal como os motivos, também as pulsões são objectivamente *indeterminadas* podendo dinamicamente investir-se numa multiplicidade de objectos. É nesta indeterminação objectal das pulsões que radica o que Freud designa por *destino das pulsões,* para referir a dependência do investimento pulsional relativamente às vicissitudes ou circunstâncias das relações concretas do Eu com os objectos e com os outros.

Motivos e organizações cognitivas na construção da personalidade

É pelo facto de o comportamento humano ser dinamizado não tanto por *instintos* mas por *pulsões* ou, de forma mais abrangente, por *motivos,* que o homem dispõe de um maior número de possibilidades comportamentais, entre as quais as de "cair psicologicamente doente", de investir afectivamente em objectos e situações pouco comuns, menos aceites ou valorizados pelos outros, o que, envolvendo diminuição na probabilidade de concretização do motivo de consideração e de valorização social, é gerador de sofrimento. Mas se é na indeterminação objectal que radica a possibilidade dos desvios, das aberrações, das perturbações de comportamento, é também nela que se funda a possibilidade de modificação, de terapia ou de "cura".

Na indeterminação dos motivos radica igualmente a importância que a *história pessoal* assume na compreensão da construção e do desenvolvimento da personalidade, na medida em que a determinação das relações comportamentais depende das vicissitudes, condições ou contingências das relações do organismo com as suas situações de vida e, nomeadamente, de relações interpessoais. Mas as situações não actuam independentemente do sujeito: a *história pessoal* ou *subjectiva,* que é sempre *história intersubjectiva,* é também constituída pela *significação* ou *sentido* que o sujeito atribuiu através dos processos de elaboração simbólica às contingências ou condições da sua existência relacional intersubjectiva.

Na medida em que a tentativa de "reconstituição" da história pessoal envolve a rede semântica ou o tecido de significações que o sujeito atribuiu a situações, pessoas e acontecimentos decisivos na sua vida (pessoas, situações e acontecimentos "significativos"), o conceito de *história pessoal* não se confunde nem deve confundir-se com o conceito de *história clínica,* tal como este último é considerado tanto no plano teórico como no plano da prática.

Para a história pessoal, por exemplo, não basta determinar o "momento" em que alguém começou a ter medo dos comboios e a ficar impossibilitado de neles viajar, porque a determinação temporal do aparecimento do *sintoma* constitui apenas um *meio* susceptível de contribuir para inseri-lo no contexto das relações de *signo* a *signi-*

ficado, que poderá permitir a apreensão do *sentido do sintoma,* enquanto este constitui uma modalidade de linguagem com as suas regras gramaticais específicas.

Deparamo-nos, de novo, com a organização cognitiva das situações em que o sujeito se encontra e que variam indefinidamente.

À semelhança do que se verifica com a variabilidade da concretização dos motivos em função da cultura, a questão reside em saber se também aqui existem "invariantes", sistemas de relações intersubjectivas com características estruturais e estruturantes, ou seja, com valor constituinte no desenvolvimento da personalidade.

Esta é uma questão importante cuja clarificação exige novas investigações.

CAPÍTULO III

PARA UMA TEORIA RELACIONAL DOS INTERESSES *

1. Imprecisão e flutuação do conceito de interesse

É sobretudo no domínio das ciências humanas e sociais, desde a Psicologia à Economia, passando naturalmente pelas ciências da educação, que o conceito de interesse tem desempenhado um papel importante na tentativa de explicação de fenómenos tão diversos como a variabilidade e a selectividade da atenção, da memória e da aprendizagem, por exemplo, ou os conflitos sociais e o desenvolvimento económico.

Em todos estes domínios, o conceito de interesse designa, em geral, um conjunto de factores e de processos que dinamizam o comportamento das pessoas, isoladamente ou em grupo, influenciando as suas atitudes, escolhas e acções com vista a alcançarem um objectivo valioso, benefícios ou utilidades desejadas.

Todavia, nem a natureza destes factores dinâmicos nem as suas modalidades de funcionamento nem mesmo os processos de interacção funcional entre eles e o comportamento são explicitados de forma clara e rigorosa. A este respeito, persistem flutuações e sobreposições conceptuais nada abonatórias da credibilidade científica do conceito, que, ao transitar da linguagem comum para o vocabulário científico, não foi submetido a elaboração ou depuração técnica, per-

* Com o título inicial *Para uma nova teoria dos interesses – Da actual imprecisão teórica à concepção relacional,* este estudo foi publicado no Volume 62.º da *Biblos – Revista da Faculdade de Letras da Universidade de Coimbra* (1986), em homenagem ao Doutor Arnaldo de Miranda Barbosa.

manecendo ao sabor das opiniões, da sensibilidade ou da inclinação de cada utilizador.

É este "estado de coisas", caracterizado por nítida flutuação teórica, que foi reconhecido por Jean-L. Blaise Dupont, autor de uma cuidada revisão da literatura precisamente intitulada *Psicologia dos Interesses,* publicada em 1979, em substituição de uma outra de Donald Super, de 1964, em que os problemas de imprecisão conceptual eram já manifestos.

O que ficou dito é ilustrado pela seguinte afirmação de Dupont: "mesmo limitando-nos ao campo da Psicologia, deparamos com inúmeras definições de interesse ou dos interesses. E quando as examinamos referindo-nos, p. ex., às que são citadas por Super (1964) e Todt (1978), elas aparecem-nos díspares, como se se tratasse apenas de opiniões" (Dupont, 1979, p. 11). A disparidade das definições reflecte *"a ausência de uma teoria plenamente satisfatória acerca da origem e natureza dos interesses"* (Dupont, 1979, p. 102-103).

Do nosso ponto de vista, a inexistência de uma teoria acerca da origem e natureza dos interesses, cuja falta é assinalada pelos especialistas, só poderá ser colmatada quando o conceito de interesse e outros conceitos próximos, respeitantes a factores e processos dinâmicos do psiquismo, forem articulados e integrados numa *concepção geral do comportamento, da motivação e da personalidade.* Não haverá clarificação teórica no campo da psicologia dos interesses se não se fizer previamente o esforço de análise e de escolha, epistemologicamente fundamentada, da teoria mais resistente à refutabilidade experimental (Popper, 1974), escolha a realizar de entre uma grande multiplicidade de teorias díspares, alternativas ou antagónicas. Não foi esta a via seguida por Dupont. De facto, embora reconhecendo que o "diagnóstico" dos interesses não deve restringir-se ao domínio da orientação escolar e profissional, até agora privilegiado, procurando alargá-lo a todos os campos em que seja importante uma "avaliação da personalidade", o certo é que a definição de interesse que Dupont apresenta repousa na aceitação implícita da validade de postulados teórico-epistemológicos subjacentes ao grande

Para uma teoria relacional dos interesses

conjunto de concepções analitico-sintéticas, isolacionistas, individualistas e individualizantes da personalidade sem ter feito o confronto experimental com o conjunto de concepções teóricas que designamos por dinâmico-relacionais ou interaccionistas. Perspectiva essa que consideramos não ser a mais adequada para captar a realidade *relacional,* interactiva ou construtiva do comportamento personalizado. Com efeito, para Dupont, "os interesses correspondem a *tendências* ou *disposições* relativamente estáveis ou duráveis (e cujo desenvolvimento parece estar associado ao da auto-imagem), *orientadas para diferentes domínios de actividades e de experiências vividas num determinado meio cultural;* estas tendências seriam igualmente condicionadas pelas pressões mais ou menos fortes definindo os papéis atribuídos aos dois sexos" (Dupont, 1979, p. 12). Importa fazer aqui alguns comentários. O primeiro para lembrar que esta definição recente de interesse não é, aliás, diversa da que foi veiculada pela linha tradicional dos psicopedagogos funcionalistas (Herbart, Dewey, Decroly, Claparède) e segundo a qual "as tendências se traduzem sob a forma daquilo a que chamamos interesse". Apesar da sua fórmula recente, a definição não é nova. Por outro lado – segundo comentário – a definição dos interesses em termos de *tendências, predisposições estáveis a agir* ou *agentes dinâmicos do comportamento* implica a necessidade de se estabelecer a sua diferenciação relativamente aos conceitos de *necessidades, valores, atitudes,* referentes também a factores e processos motivacionais. Assim, segundo Dupont, os interesses distinguir-se-iam das *necessidades* (biológicas, afectivas, cognitivas) porque estas parecem *mais fundamentais e mais fortemente ligadas ao Eu* do que os interesses; distinguem-se dos *valores* porque estes "dizem respeito, em princípio, *aos objectivos mais ou menos abstractos* que o indivíduo pode considerar *vitais* para si; deste modo, os interesses encontrar-se-iam subordinados aos valores num *modelo hierárquico de motivações";* finalmente os interesses distinguir-se-iam das *atitudes* na medida em que "estas aparecem como *tomadas de posição* – e por isso também como disposições a agir – perante todos os géneros de objectos, circunstâncias ou acontecimentos *implicando com frequência um juízo* que o conceito de interesse não evoca forçosamente".

Não nos parece plausível que seja pela via destas diferenciações que se alcance a desejável clarificação das questões sobre a origem, natureza e funcionamento dos interesses e sobre as relações entre eles e os factores e processos motivacionais. E, de facto, é assim, porque a concepção analítico-sintética em que Dupont se baseia não é a mais conforme à *realidade relacional* do comportamento, da motivação e da personalidade, e, consequentemente, do interesse. É a partir de uma análise global da motivação humana que a questão do enquadramento teórico do conceito de interesse pode ser esclarecido.

2. Revisão breve da evolução teórica no domínio da motivação

Antes de procedermos à análise da evolução teórica no domínio da motivação, apontando os seus marcos principais, impõem-se algumas notas introdutórias para assinalar que, em Psicologia, neste último quartel do séc. XX, quase todos os grandes sistemas teóricos, à excepção de alguns prolongamentos do behaviorismo estrito, reconhecem que *todo o comportamento é motivado,* o que equivale a dizer que subjacente a qualquer actividade está sempre um motivo ou conjunto de motivos de cuja influência o sujeito que se comporta pode ou não ter consciência. Deste modo, para compreender o comportamento em geral ou determinado comportamento em particular torna-se imprescindível identificar os motivos que o dinamizam e orientam. Mas esta quase unanimidade teórica cessa quando se visa esclarecer o que são os motivos, qual a sua origem e natureza e quais as modalidades principais do seu funcionamento. Com efeito, sobre estas questões têm-se confrontado diversas teorias ao longo do desenvolvimento da Psicologia como ciência e, embora a partir dos anos 50 se tenham verificado neste domínio progressos inequívocos, ainda hoje se debatem propostas divergentes que dinamizam a investigação teórica e experimental na procura de provas capazes de

Para uma teoria relacional dos interesses

fundamentar a escolha de uma delas segundo o critério epistemológico da falsificabilidade (Popper, 1974). Não é possível, no âmbito deste ensaio, descrever a evolução dos grandes sistemas teóricos acerca do psiquismo ou do comportamento de forma a assinalar o lugar que o conceito de motivação ocupou ou ocupa em cada um deles. No entanto, uma visão mais clara dos problemas envolvidos no estudo do dinamismo do comportamento implica que se apontem os marcos mais significativos do desenvolvimento teórico e experimental neste domínio.

2.1. *A psicologia científica dos estados e conteúdos da consciência: associação, instintos e vontade*

Nos finais do século passado e princípios do século XX a "Psicologia Científica dos Estados e Conteúdos da Consciência" considerou como agentes principais do dinamismo psicológico a *associação*, os *instintos* e a *vontade*, sendo os dois primeiros comuns aos animais e ao homem e o último especificamente humano. A passagem de uma ideia a outra, de um estado mental a outro, explicava-se pela *associação* que entre eles se estabelecia e pelos princípios que a regulavam, do mesmo modo que a sequência de movimentos ou de actos motores inatos executados de forma automática a partir da acção de um estímulo desencadeador se explicava pelo *instinto* considerado como "saber fazer inato" e invocado sobretudo por James (1890) e McDougall (1908). De modo diferente, o movimento ou *acto voluntário* resultava da ponderação entre duas ou mais possibilidades alternativas, antagónicas ou dificilmente compatíveis. O *conflito* intrapsíquico resolvia-se por *decisão*, que revestia, por vezes, a modalidade de um *fiat*, ordem ou comando súbito que o sujeito dava a si mesmo (Atkinson, 1968).

2.2. *A concepção psicanalítica*

Fora do contexto teórico da "Psicologia científica dos estados e conteúdos da consciência", e a fim de facilitar a compreensão de um grande número de comportamentos "desviantes" ou "patológicos", Freud sistematizou um conjunto de processos dinâmicos (de que o mais importante é, sem dúvida, o conflito) entre *forças do eu,* responsáveis pela adaptação ao real e às exigências da vida em sociedade, por um lado, e *forças pulsionais,* dirigidos para a satisfação orgânica ou para o prazer resultante da descarga de tensão, por outro. Segundo Freud (1915), as pulsões apresentam quatro características principais: *origem* (orgânica ou inata), *força ou energia* (capacidade de produzir movimento por estimulação interna e consequente aumento da tensão), *meta* ou *finalidade* (satisfação resultante da descarga de tensão e redução da estimulação) e *objecto* de investimento energético (indeterminado ou não estabelecido geneticamente). É precisamente pela *indeterminação objectal* que a pulsão *(Trieb)* se diferencia do instinto *(Instinkt)*. Tópico fundamental da concepção dinâmica psicanalítica é o que se reporta ao funcionamento do "aparelho psíquico" de acordo com o princípio fisicista da descarga de energia ou da redução da tensão ao nível mínimo possível (princípio da estimulação constante, da inércia ou do "nirvana"), segundo o qual toda a estimulação, externa ou interna, produz um aumento de tensão *(desprazer)* de que o organismo se pretende libertar por intermédio de uma resposta de descarga motora susceptível de restabelecer o nível de tensão anterior *(prazer)*. Esta concepção freudiana do "aparelho psíquico" é muito próxima da teoria do *equilíbrio homeostático,* desenvolvida a partir dos anos 30, pelo neobehaviorista Hull.

2.3. *A influência do evolucionismo darwinista e a revolução behaviorista*

Ainda no final do século XIX, a Psicologia sofreu o impacto do evolucionismo darwinista, que colocou a *adaptação* não só como

Para uma teoria relacional dos interesses

critério básico da *selecção natural* – que constitui um dos processos da evolução juntamente com o das *variações aleatórias* – mas também como *finalidade* implícita da própria evolução, uma vez que, na *luta pela vida* é a adaptação às contínuas mutações do ambiente que garante a sobrevivência, condição da reprodução e da continuidade evolutiva. Deste modo, o dinamismo do comportamento, das suas modificações ou do seu desenvolvimento apoiava-se no dinamismo da *evolução adaptativa*. Na sua aversão radical ao inatismo, a revolução behaviorista combateu as explicações do comportamento que recorriam aos conceitos de *instinto* e aos conceitos *de deliberação e escolha voluntárias*. Para Watson (1925), os factores dinâmicos do comportamento eram os *estímulos* e as *associações* ou *conexões,* não entre "elementos psíquicos" (imagens, ideias, ou conteúdos mentais, etc.), mas entre *estímulos (S)* e *respostas (R)* executadas de forma directa e automática a partir da acção dos primeiros. Ao organismo não é atribuída qualquer iniciativa e a sua actividade é reduzida a simples reactividade. Deste modo, o behaviorismo corresponde ao desenvolvimento da vertente mecanicista do dualismo cartesiano, assim como a "Psicologia científica dos estados e conteúdos da consciência" corresponde ao desenvolvimento da vertente mentalista ou espiritualista. Não admira, pois, que, no contexto do behaviorismo estrito de Watson, a noção de motivação tenha sido considerada supérflua.

2.4. *A teoria neo-behaviorista de Hull*

No entanto, Hull (1931; 1943) reintegrou-a sob a noção de *tissue-need* (necessidade orgânica) e de *drive* (impulso), a fim de explicar o facto de o mesmo organismo se comportar de modo diferente perante o mesmo estímulo em ocasiões diferentes. Os motivos ou necessidades são vistos como *estados orgânicos de carência ou de privação* que, provocando estimulação interna e correlativo aumento de tensão, põem o organismo em movimento até à execução da resposta ou do comportamento do consumo susceptível de restabelecer o equilíbrio homeostático. Segundo Hull, as necessidades orgânicas (fome, sede, sono, sexo) são *necessidades primárias,* inatas ou não aprendidas, e as necessidades cognitivas e sociais são *necessidades secundárias* ou adquiridas por intermédio do mecanismo do *reforço das conexões* entre a estimulação (S) e a resposta (R) que nessa situação conduziu à satisfação de uma necessidade primária e, por conseguinte, à redução da respectiva estimulação interna.

2.5. *A teoria da forma ("Gestaltheorie")*

A *Gestaltheorie* ou teoria da forma, sob a influência da Psicologia do Acto (Brentano) e da concepção fenomenológica da consciência intencional (Husserl), contestou a *associação* como processo explicativo do psiquismo. Neste contexto, Lewin (1935), o gestaltista que maior contributo deu para o esclarecimento da dinâmica do comportamento, mostrou de forma experimental que o factor que regula a actividade selectiva dos sujeitos na execução de uma tarefa não é a associação mas a *atitude* ou *tendência determinante* induzida pelas "instruções" ou pela significação com que o sujeito percepciona a situação global em que se encontra. Utilizando a topologia na representação e operacionalização de processos psicológicos, Lewin concebeu o comportamento como a *resultante de um sistema de forças,* sistema esse que define um *campo psicológico* ou *espaço subjectivo de vida* de que o eu ou o sujeito de acção faz parte integrante e determinante por intermédio da *percepção selectiva* das condições presentes, e da formulação de *aspirações, expectativas e objectos-fins* mais ou menos distantes. O campo psicológico distingue-se, pois, do campo físico, na medida em que é subjectivamente polarizado por *valências,* positivas ou negativas, atribuídas pelo sujeito aos objectos-fins, e que actuam como vectores dinâmicos de que o comportamento constitui a resultante.

3. Vectores principais da teoria relacional da motivação e da personalidade

3.1. *O comportamento como interacção sujeito-mundo*

Foi em grande parte sob a influência dos conceitos desenvolvidos no contexto da Psicologia Topológica de Lewin que se desenvolveu a *teoria relacional da motivação* de Nuttin (1975, 1980a).

O comportamento é aqui concebido não como produto de processos internos ou de estímulos externos mas como a resultante da *interacção* do organismo e da situação em que o primeiro se encontra e em que o comportamento ocorre. *Organismo e meio envolvente, sujeito e situação* ou *eu e mundo próprio* constituem uma *unidade funcional* cujos pólos, do ponto de vista do comportamento, não são concebíveis separadamente. O funcionamento do organismo e o desenvolvimento das suas potencialidades requerem um conjunto de relações sujeito-mundo que reveste, assim, carácter de imprescindibilidade ou de necessidade. Se tais relações não se concretizarem, se se verificarem obstáculos, barreiras ou limitações à sua concretização, é o próprio desenvolvimento do comportamento que fica dificultado ou diminuído.

3.2. *A natureza relacional dos motivos*

Na perspectiva relacional do comportamento, os motivos ou necessidades são *esquemas* ou *esboços de relações sujeito-mundo* requeridos pelo funcionamento e desenvolvimento das potencialidades do organismo, apresentando-se, assim, como factores dinâmicos fundamentais da personalidade enquanto estrutura funcional eu-mundo. Note-se que não são apenas as relações de natureza biofisiológica, de assimilação e eliminação de substâncias indispensáveis à manutenção da energética orgânica, as únicas consideradas como necessidades primárias; as necessidades cognitivas e as necessidades sociais são tão primárias ou tão indispensáveis ao desenvolvimento do organismo ou do sujeito de acção como as necessidades biofisiológicas da alimentação, do descanso pelo sono ou da descarga da tensão sexual. Conforme mostram os casos fidedignos de "crianças selvagens" (Malson, 1964), as observações sistemáticas de Spitz (1963) e de Bowlby (1965) acerca dos efeitos negativos produzidos pelas carências afectivas no desenvolvimento global do comportamento no decurso dos dois primeiros anos de vida e ainda os resultados das experiências laboratoriais de Harlow (1976), o estabelecimento de relações cognitivas e de contacto interpessoal é tão necessário ao desenvolvimento salutar do organismo como a satisfação das necessidades homeostáticas.

3.3. *Características principais dos motivos*

Enquanto esquemas ou esboços de relações potenciais entre o organismo e as suas condições de vida, os motivos inscrevem-se na estrutura biológica da espécie, sendo por conseguinte inatos; todavia não são "programas" comportamentais geneticamente montados, susceptíveis de execução sequencial e uniforme mediante a acção de um estímulo desencadeador. Os motivos são indeterminados na sua concretização comportamental e, por isso, permitem concretizações diferenciadas segundo os indivíduos, os grupos e as culturas. Sendo forças ou vectores preferencialmente orientados para o estabelecimento de relações indispensáveis ao funcionamento e desenvolvimento do sujeito de acção, os motivos não constituem uma cadeia sequencial de actos que seja executada de forma automática à maneira dos instintos. Não é o repertório sequencial de respostas ou de actividades susceptíveis de concretizar as relações requeridos que é inato. O que nos motivos é inato é, sim, o vector dinâmico que orienta o organismo preferencialmente para o contacto com determinadas categorias ou classes de objectos ou situações e não com outras. Esta *direcção preferencial* ou *orientação selectiva* do organismo para o contacto, relação ou troca com determinadas categorias de objectos ou de situações não é adquirida mas intrínseca. A orientação selectiva dos motivos, em vez de *produto* de aprendizagem por reforço, é antes *condição* do próprio sucesso de aprendizagem, uma vez que é ela que determina selectivamente o *incentivo* ou a *recompensa* para a tarefa ou para as actividades a realizar. Enquanto orientação selectiva do psiquismo, *a motivação favorece a organização mnésica das informações úteis ao objectivo em vista, contribuindo, assim, para a aprendizagem e para o aperfeiçoamento da execução das tarefas* (Abreu, 1978).

Mas se os motivos, enquanto relações potenciais requeridos, não são aprendidos, já a sua actualização comportamental, porque não "programada" geneticamente, é tributária de processos intermediários mais ou menos complexos, entre as quais as diferentes modalidades de aprendizagem.

3.4. *A organização cognitiva dos motivos e o lugar intermediário dos interesses*

A concretização dos motivos ou das necessidades fundamentais depende da *organização de um sistema de meios-fins,* requerendo um conjunto mais ou menos complexo de actividades e de aquisições que, por se situarem entre os motivos e o objectivo ou finalidade a alcançar, constituem o vasto campo dos *interesses*. Como já assinalámos no Capítulo anterior, os interesses, de acordo, aliás, com a etimologia (*interesse* = ser ou estar entre) são actividades, objectos ou acontecimentos que revestem *valor instrumental* relativamente à concretização de uma necessidade; enquanto *meios* para a obtenção de um objectivo valioso, requerido ou indispensável, a sua capacidade de mobilização advém do dinamismo do motivo subjacente.

A expansão do dinamismo motivacional às actividades instrumentais parece depender, em grande parte, da organização subjectiva de *sentido* ou das relações significativas entre essas actividades e a finalidade da motivação originária. A *desmotivação* ou o *desinteresse* por uma actividade intermediária radica muitas vezes na ausência de *sentido,* na inexistência ou na fragilidade da *estrutura cognitiva das relações entre os meios* disponíveis e o *fim* a alcançar. A este propósito note-se que não se enquadram neste contexto teórico as chamadas "técnicas de motivação", destinadas a despertar a atenção e suscitar o interesse, *v. g.*, por uma lição. Tais técnicas, utilizadas com carácter pontual como "receitas" didácticas, apoiam-se implicitamente em concepções biofisiológicas da motivação, segundo as quais se torna necessário primeiro "abrir o apetite" ou "provocar a sede", para que a actividade dos sujeitos se ponha em marcha. Provocado o aumento de tensão, o comportamento de procura e de consumo conduz à redução da tensão ou ao restabelecimento do equilíbrio homeostático que constitui o reforço do referido comportamento.

Não é deste modo que a teoria relacional concebe o funcionamento dos motivos. Uma vez que o desenvolvimento do organismo exige de forma primária a aproximação, o contacto ou o estabelecimento de relações comportamentais com os objectos do mundo externo, o princípio básico do funcionamento dos motivos não é o da *redução da tensão* ou o do restabelecimento do equilíbrio homeostático, mas o da persistência da tensão ou o da "homeoquinesia" (Smith, and Smith, 1966). No caso do psiquismo humano, dada a interacção dos motivos e das actividades cognitivas, tal persistência assume frequentemente a forma de *projectos, tarefas e planos de acção,* pelos quais o dinamismo do comportamento humano assume uma *perspectiva temporal* específica, porque, integrando e superando o passado, remete para o *futuro,* onde muitos projectos e aspirações do homem se situam.

Ao insistir na eficácia explicativa da *perspectiva temporal de futuro* no funcionamento e desenvolvimento dos motivos e da personalidade humana, a teoria relacional supera quer as concepções neobehavioristas do reforço directo e automático quer as concepções psicanalíticas (Nuttin, 1980b; Lens, 1986). De facto, tanto umas como outras, acentuando o papel das experiências passadas, negligenciaram a dimensão *projectiva e criadora* que a motivação e o desenvolvimento da personalidade humana inequivocamente comportam, por intermédio da interacção dos motivos e dos processos de organização cognitiva.

No contexto da teoria relacional da motivação, o conceito de interesse aparece com um lugar certo, sem confundir-se com conceitos afins relativos a outros processos dinâmicos. Os interesses não são nem tendências, nem motivos, nem necessidades. Os factores dinâmicos do comportamento (motivos ou necessidades), enquanto forças relacionais orientadas para um fim, requerem um conjunto de processos, actividades e aquisições intermédias ou mediadoras importantes ou valiosas para alcançar a relação requerida: é aqui que se situam os interesses.

Na perspectiva individualista e isolacionista da personalidade, o factor motivacional encontrava-se predominantemente referido a tendências, forças, inclinações ou predisposições "interiores" ao sujeito.

Não admira, por isso, que o conceito de interesse fosse obscurecido, deslocado ou deslocado frequentemente para o lado do sujeito ou, em menor grau, para o lado dos objectos. No primeiro caso dizia-se e ainda se diz que uma pessoa manifesta desinteresse, não está interessada ou motivada, permanece indiferente ou apática; no segundo caso, diz-se que são os objectos, as actividades ou os acontecimentos que são aborrecidos, sem poder atractivo, destituídos de interesse ou incapazes de o "despertar". Daqui o afã para fazer "suscitar" o interesse, como se se tratasse de algo análogo ao "apetite", à fome ou à sede. Vimos já que as chamadas "técnicas de motivação" para "despertar" a atenção e "suscitar" o interesse por uma lição p. ex., não se enquadram na perspectiva relacional dos motivos. A metodologia pedagógica dos *centros de interesse,* desenvolvida e posta em prática por Decroly, concretizava uma "convergência" ou "concentração" pedagógica de diversas informações em torno de uma necessidade do sujeito (Planchard, 1967). A propósito da pedagogia apoiada nos interesses ou nas necessidades dos aprendizes

Cinco Ensaios sobre Motivação

pode surgir o risco de confundir-se interesse com *prazer,* conforto ou ausência de esforço, risco já referido por Alain ao assinalar que "o interesse não forma". As implicações de ordem prática decorrentes da teoria relacional dos motivos não envolvem semelhante risco, porque o interesse não pode ser confundido com o objectivo ou com a finalidade a alcançar; por outro lado, todo o processo de estruturação de *meios-fim,* dinamicamente originado num motivo fundamental, exige necessariamente esforço, que será tanto mais facilmente mobilizador quanto mais clara for a percepção do *valor instrumental* da actividade intermediária para o objectivo pretendido.

Sob a influência da teoria relacional da motivação e da personalidade, é legítimo esperar que, nos próximos anos a psicologia dos interesses apresente uma articulação teórica mais clara, consistente e integradora, pondo assim termo à situação de imprecisão e de flutuação teórica referida no início. Se assim acontecer, como é provável, não será apenas a teoria a ganhar, porque a prática psicológica que nela se funda, quer no domínio da orientação escolar e profissional, quer no domínio da intervenção psicopedagógica, sentir-se-á igualmente mais segura, mais coerente e mais eficaz na prossecução dos seus objectivos de contribuir para o desenvolvimento das potencialidades das pessoas e das organizações.

CAPÍTULO IV

MOTIVAÇÃO, APRENDIZAGEM E DESENVOLVIMENTO *

À memória do Prof. Doutor Sílvio Lima

INTRODUÇÃO

No cumprimento de uma tradição multisecular, assinalamos, hoje, com esta cerimónia de abertura solene das aulas na Universidade de Coimbra, o início de mais um ano académico.

A repetição dos gestos e dos actos rituais parece suscitar a íntima impressão de estarmos a fazer o mesmo que foi feito em anos anteriores, gerando um sentimento familiar de segurança e de estabilidade.

E, todavia, perante o devir contínuo da vida e a transitoriedade irreversível do tempo, damo-nos conta de que estes actos, que todos os anos aqui têm lugar, são afinal *únicos* e *irrepetíveis*.

Na interacção da nossa condição humana de seres imersos no fluxo incessante de mudanças e da necessidade de nelas introduzirmos "espaços" de regularidade e de constância, os ritos surgem como a criação e expressão cultural da exigência humana de planear e organizar o próprio curso do tempo em ciclos de actividades significativas e indispensáveis ao desenvolvimento das nossas potencialidades de ser, funcionalmente similares aos ciclos criadores da Natureza.

---

* Reprodução integral da *Oração de Sapiência* proferida na Sala dos Capelos na Abertura Solene das Aulas na Universidade de Coimbra, no dia 8 de Novembro de 1994.

Cinco Ensaios sobre Motivação

Se este é o *sentido* e o *espírito* do ritual académico, vivamo-lo uma vez mais, dando-lhe *corpo* e *palavra*.

Assim, ordenou a praxe, pela regra da rotatividade das Faculdades, que o encargo de proceder à *Oração de Sapiência* competia, este ano, à mais nova das Faculdades Universitárias.

A Faculdade de Psicologia e de Ciências da Educação foi oficialmente instituída pelo Decreto-Lei n.º 529, de 5 de Novembro de 1980, que contou na sua elaboração com o contributo decisivo do Prof. Doutor Aníbal Cavaco Silva, na altura Ministro das Finanças do Governo chefiado pelo Dr. Francisco Sá Carneiro, que assinou o referido diploma legal. Sete anos depois, um tema da História da Educação constituiu o objecto da primeira lição inaugural que a Faculdade teve a seu cargo.

É esta, por conseguinte, a primeira vez que a Psicologia, enquanto ciência da vida, mediadora entre as Ciências da Natureza e as Ciências Sociais, tem o privilégio de ser escutada neste claustro. E, por isso, é justo evocar dois professores que, na Faculdade de Letras, se dedicaram ao ensino e à investigação da Psicologia tendo contribuído muito com a sua obra para o momento presente que vivemos. Refiro-me a Alves dos Santos e a Sílvio Lima. Com efeito, em 1912, Alves dos Santos, após uma longa visita de estudo a Genebra e a Paris, fundou, em Coimbra, o primeiro *Laboratório de Psicologia Experimental* que funcionou no nosso País e que se manteve como uma influente estrutura de referência. Por seu turno, Sílvio Lima, exemplo ímpar de Mestre Universitário, marcou gerações de estudantes com o selo da *atitude crítica* e do *espírito problematizador,* e deu, apesar das adversidades do tempo e do lugar, um contributo inesquecível ao desenvolvimento da Psicologia em Portugal.

Orgulhando-me de ser seu discípulo, é à memória do Prof. Sílvio Lima que dedico esta lição inaugural, que se ocupa de questões ligadas à Psicologia da motivação, da aprendizagem e do desenvolvimento.

Motivação, aprendizagem e desenvolvimento

1. Breve apresentação da teoria cognitiva e relacional da motivação e da aprendizagem

No percurso centenário da construção da Psicologia como Ciência têm emergido concepções diversas acerca da motivação e da aprendizagem, enquanto factores que dinamizam e orientam o comportamento dos seres vivos e que influenciam, de forma muito especial, o desenvolvimento do comportamento humano. A evolução da psicologia experimental neste século ficou marcada pela disputa entre concepções conexionistas e concepções cognitivistas da aprendizagem e da motivação, concepções que por serem refutáveis alimentaram o debate científico. A comparação experimental das duas concepções alternativas permitiu fundamentar a escolha de uma delas que mostrou resistir à prova da refutação, em conformidade com os critérios, epistemológico e metodológico, formulados por Karl Popper, esse notável intérprete da complexidade do real, recentemente falecido, e descobridor da lógica da "invenção" científica, verdadeiro amigo do saber, espírito aberto ao trânsito da vida e à emergência do novo, cuja memória invoco, neste claustro, em recolhida homenagem que sei partilhada pelo Colégio dos Doutores da Universidade de Coimbra aqui reunido.

Os custos e os méritos deste confronto experimental entre concepções conexionistas e cognitivistas da motivação e da aprendizagem são, em larga medida, partilhados pela Teoria Cognitiva e Relacional da motivação e da aprendizagem formulada, a partir de meados dos anos 30, por Joseph Nuttin, Professor da Universidade Católica de Lovaina, e desenvolvida com a colaboração de diversos investigadores de vários países. Num período em que as concepções behavioristas eram dominantes, todos eles ousaram defender concepções diferentes das behavioristas para muitos problemas, antes de a *revolução cognitivista* se ter imposto, no decurso da década de 60, contribuindo para a sua aceitação que é, hoje, quase universal.

Procurarei, num primeiro tempo, apresentar de forma necessariamente breve os conceitos fundamentais da Teoria Relacional da motivação e da aprendizagem, para mostrar, num segundo tempo, alguns exemplos da sua utilização prática.

Importa, antes de mais, referir que a Teoria Relacional se desenvolveu no contexto de afirmação, em Psicologia, de um novo modo de pensar e da progressiva emergência de um novo paradigma epistemológico, para o qual a *Gestaltheorie* ou Teoria da Forma contribuiu, de modo decisivo, ao ultrapassar lacunas e limitações herdadas do dualismo cartesiano. Com efeito, o primeiro "momento" da construção da Psicologia como ciência, que se constituiu no último quartel do século XIX como o estudo dos estados e conteúdos da consciência, prolongou os problemas e os métodos da filosofia dualista de Descartes desenvolvendo a sua vertente intelectualista *(res cogitans)*. Por seu turno, o behaviorismo rompeu com o conteúdo mentalista mas não com o elementarismo associativista, prolongando, embora de forma implícita, a vertente mecanicista da *res extensa* e, sobretudo, da teoria cartesiana dos animais--máquina.

Sob a influência da Psicologia do Acto de Brentano, a *Gestaltheorie* ou *Teoria da Forma* ao instituir a metodologia da análise estrutural das actividades psicológicas superou os limites da metodologia elementarista associativista utilizada quer pela *psicologia científica da vida mental*, centrada sobre a *sensação,* quer do *behaviorismo,* centrado sobre o *reflexo.*

Por outro lado, a *Gestaltheorie,* sob a influência da concepção husserliana da consciência intencional aberta ao mundo, contrária à concepção cartesiana do enclausuramento da consciência, centrou o domínio da investigação não na sensação nem no reflexo mas na interacção do *sujeito de acção* com o *mundo,* com o seu espaço de vida ou campo psicológico. Superou, assim, as limitações das concepções *individualistas* da vida mental e do comportamento que são comuns aos dois 'momentos" ou 'períodos" anteriores da construção da Psicologia como ciência.

A Teoria Relacional tematiza o *comportamento* como uma função de relação entre o organismo e o meio, entre o sujeito-agente de acção e o mundo em que se situa, ou, ainda, entre o Eu e as circunstâncias de vida.

O conceito de comportamento liberta-se dos limites estritos do behaviorismo, deixando de ser entendido como um encadeamento de respostas ou de reacções provocados pelos estímulos externos. De igual modo, a noção de *personalidade* conhece uma alteração significativa, deixando de ser entendida como uma *estrutura intra--psíquica, ou somático-psíquica,* de aptidões, tendências, hábitos e traços caracteriais, inatos ou adquiridos por influência de contingências externas, para ser compreendida como uma *estrutura constitutiva do sujeito da acção e da situação em que se encontra ou do Eu e do Mundo,* estrutura funcionalmente unitária, em que nenhum dos pólos tem, no plano psicológico, existência separada. O funcionamento do organismo e o desenvolvimento das suas potencialidades exigem a concretização comportamental de relações com o mundo. São estas relações que sendo requeridas e imprescindíveis ao funcionamento do organismo e ao aperfeiçoamento da estrutura sujeito-mundo constituem as *necessidades* ou os *motivos*.

O carácter de imprescindibilidade, de exigência ou de requisição da relação sujeito-mundo não afecta apenas as relações que se processam no domínio bioquímico das funções consideradas primárias, indispensáveis à manutenção da energia orgânica. Igualmente indispensáveis à sobrevivência e à manutenção da vida são as relações que se concretizam nos processos de recolha, selecção e utilização das informações acerca das mudanças que ocorrem no "estado do meio"; constituem, por isso, o grupo de "necessidades cognitivas", que ao longo da evolução humana têm desempenhado e continuam a desempenhar um papel de importância *vital*.

Por seu turno, as relações que os organismos mantêm e desenvolvem com outros organismos da mesma espécie, e que no homem revestem igualmente modalidades complexas de influência e de organização sócio-cultural, apresentam-se também como relações potenciais requeridas, constituindo a categoria de motivos sociais.

Todos os motivos (bio-fisiológicos, cognitivos e sociais), enquanto relações potenciais requeridas, são motivos intrínsecos, inatos quanto à sua origem e, por conseguinte, primários. Não há, por isso, lugar à diferenciação entre motivos primários, de origem inata, e motivos secundários, que se constituiriam por aprendizagem a partir da satisfação dos primeiros.

Além do *inatismo da sua origem,* os motivos caracterizam-se pela *capacidade de activarem e de mobilizarem* a energia dos organismos. A mobilização da energia comporta uma *orientação ou direcção preferencial* para determinadas categorias de relação funcional com o mundo, cuja forma concreta não está, à partida, determinada.

Esta *indeterminação comportamental das necessidades* constitui uma característica da motivação humana com múltiplas repercussões. Em primeiro lugar, permite uma grande flexibilidade na organização da estrutura de meios instrumentais susceptíveis de modelar a acção concreta que há-de dar corpo à relação potencial requerida.

É no decurso deste processo que a aprendizagem desempenha uma função relevante. Com efeito, não sendo os motivos, na sua origem, aprendidos, a respectiva concretização comportamental envolve a organização de uma estrutura de actividades instrumentais que podem ser adquiridas por aprendizagem ou em que a aprendizagem desempenha um papel decisivo.

É neste plano da *organização do comportamento* que a motivação e a aprendizagem se entrecruzam como factores fundamentais do desenvolvimento humano, tanto no plano pessoal como no plano interpessoal e comunitário.

Da indeterminação comportamental dos motivos decorre igualmente a multiplicidade de formas concretas da sua realização, sob a influência de diferentes configurações culturais. Mas esta multiplicidade não significa nem diversidade correspondente de motivos, nem diferenciação de estruturas motivacionais de cultura para cultura. Todos os homens, pelo facto de o serem, têm a mesma *estrutura de necessi-*

dades, embora as modalidades da sua concretização possam variar consoante o contexto cultural. É a identidade funcional de múltiplas formas concretas de realização comportamental dos motivos que constitui o *critério* da sua redução e integração numa das três categorias fundamentais consideradas: bio-fisiológicos, cognitivos e sociais.

É também na indeterminação comportamental dos motivos que radica a pluralidade de processos e modalidades do seu funcionamento, de que salientamos o processo da *persistência de tensão dinâmica até à conclusão de uma actividade.* Quer pela sua amplitude quer pela sua originalidade, este processo de funcionamento dos motivos marca a diferença relativamente aos processos de redução da tensão e de *homeostasia* defendidos quer pela psicanálise quer pelas concepções behavioristas e neo-behavioristas.

Com efeito, a exigência de estabelecimento de uma relação requerida pela estrutura organismo-mundo gera uma tensão dinâmica que sustenta as actividades do organismo no sentido de alcançar o objectivo, passando a relação requerida do "plano latente" para o "plano manifesto" da execução comportamental.

A carga dinâmica do motivo assume, deste modo, a modalidade de um vector, de uma força "com destino" direccionada para uma situação-meta, que é antecipada no futuro sob a forma de aspiração e de desejo. O *futuro* é, aliás, o *topos* e o *tempo* próprio da motivação humana.

Entre o início da suscitação do motivo e a concretização da relação comportamental requerida decorre um espaço-tempo de organização de uma estrutura mediadora de actividades instrumentais, que reveste valor ou interesse para a obtenção da meta-final. A estas actividades *intermediárias* cabe-lhes apropriadamente a designação de interesses no sentido etimológico (inter + esse) de *ser* ou *estar entre* o sujeito motivado, por um lado, e o objectivo a alcançar, por outro. A tensão dinâmica inicial acompanha o percurso da constituição desta estrutura e persiste ao longo do processo, sustentando e orientando o conjunto, e articulando o dinamismo inicial com o dinamismo próprio de cada uma das actividades mediadoras.

A articulação entre a suscitação do motivo, a antecipação do objectivo visado e a organização da estrutura mediadora de interesses constitui a matriz de *planos estratégicos de acção* ou de *projectos de vida* de maior ou de menor complexidade. A amplitude temporal destes projectos é variável, ultrapassando, não raras vezes, os limites das probabilidades de vida.

Por outro lado, o carácter persistente do dinamismo humano, coextensivo ao desenvolvimento das potencialidades de ser, activa o comportamento do homem de projecto em projecto, revelando-nos a *insaciabilidade radical da motivação humana*. O estado de satisfação que acompanha a concretização comportamental de um motivo ou a conclusão de uma tarefa em que investimos tempo e esforço é sempre transitório, porque, concluída essa tarefa, voltamos a formular novos objectivos abalançando-nos a outros desafios, realidade que o mito de Sísifo procurou apreender atribuindo-lhe o sentido metafórico de um castigo e que revela, afinal, uma condição de funcionamento da motivação humana e do seu desenvolvimento.

A dinâmica do desenvolvimento humano pode assim assimilar-se a um conjunto transfinito de aspirações e de desejos, na exacta medida em que à realização de um projecto poderá sempre acrescentar-se mais um outro, utilizando neste domínio os termos da *analítica dos conceitos* desenvolvida por Miranda Barbosa, Professor de Lógica e de Gnoseologia desta Universidade e cujo valor intelectual reconhecidamente evoco.

A persistência do dinamismo para a realização de uma actividade é precisamente o processo motivacional que está envolvido na aprendizagem selectiva conforme demonstraram os resultados de numerosas investigações laboratoriais. O estudo da aprendizagem, e designadamente da aprendizagem selectiva, tornou-se um dos temas centrais da psicologia científica sob a influência do behaviorismo e da teoria darwinista da selecção natural como processo explicativo da evolução das espécies.

Numa experiência de aprendizagem selectiva, a mudança de comportamento que se opera do primeiro para o último ensaio traduz-se na superioridade de execução de respostas que ao longo dos ensaios foram consideradas correctas ou "recompensadas" relativamente às respostas incorrectas ou "punidas".

Segundo a hipótese conexionista, essa mudança tem como factor explicativo o aumento da força das conexões ou das associações entre os estímulos e as respostas "recompensadas", aumento que constitui um efeito directo e automático do resultado positivo subsequente à resposta. Pelo contrário, os resultados negativos, os erros ou as punições teriam um efeito desgravador ou neutro sobre a força das associações S-R.

Os resultados positivos ou as recompensas, tornando mais fortes as conexões S-R, fariam aumentar a probabilidade de execução da resposta nos ensaios seguintes.

Deste modo, entre o primeiro e o último ensaio de treino ocorreria um aumento manifesto de respostas recompensadas e uma diminuição acentuada de "respostas seguidas de erro", o que constitui o critério experimental da aprendizagem selectiva de respostas.

O efeito reforçador das "recompensas" exercer-se-ia de forma directa e automática. Dito de outro modo, ocorreria como um processo natural sem intervenção de qualquer operação de natureza cognitiva, fosse associação de ideias, recordação, plano estratégico ou esforço de vontade. Estaríamos perante a formação de associações ou conexões entre estímulos e respostas executadas pelos aprendizes, inicialmente de forma aleatória, que a recompensa se encarregaria de seleccionar, exercendo no plano psicológico um efeito próximo ao que é exercido pelas *leis naturais da selecção das variações aleatórias das espécies* e *da adaptação às contingências do meio externo*.

De modo antagónico, a hipótese cognitivista da aprendizagem selectiva considera que a modificação na execução das respostas observada no decurso dos ensaios é devida à organização de uma estrutura cognitiva que integra informações acerca dos estímulos, acerca das respostas emitidas e acerca dos resultados obtidos. É com base nesta estrutura cognitiva que o aprendiz vai orientando a escolha das respostas nos ensaios subsequentes.

Cinco Ensaios sobre Motivação

A repetição das respostas recompensadas e a modificação das punidas decorreria de uma estratégia cognitiva e motivacional fundada na interacção do motivo para a realização da actividade proposta, por um lado, e na organização e utilização de uma estrutura cognitiva constituída no decurso dos ensaios, por outro.

Os resultados das investigações experimentais demonstraram que tanto a organização desta estrutura cognitiva como a sua utilização são significativamente mais eficazes nas condições em que a realização das actividades propostas é apresentada aos sujeitos de modo a suscitar a perspectiva temporal de uma sequência de ensaios. Gera-se assim uma tensão dinâmica que persiste até à conclusão dessas actividades, concretizando, deste modo, os critérios operacionais de uma situação de *tarefa aberta*.

Pelo contrário, nas situações de *tarefa fechada* nem a perspectiva temporal de futuro nem a persistência da tensão dinâmica são suscitadas, na medida em que a apresentação da actividade proposta não faz prever a continuidade da sua execução em ensaios posteriores.

Neste caso, nem a organização cognitiva das informações nem a sua utilização se encontram envolvidas na tensão dinâmica que as projecta em ensaios futuros, não alcançando o critério experimental de aprendizagem selectiva.

A submissão à prova experimental de previsões decorrentes das duas concepções, prova realizada em igualdade de circunstâncias de testabilidade, revelou que as previsões decorrentes das concepções conexionistas não resistiram à refutação.

Deste modo, encontra-se fundamentada a escolha das concepções cognitivistas da motivação e da aprendizagem, que investigadores como Köhler, Tolman, Nuttin, Greenwald e muitos outros defenderam antes do generalizado acolhimento da chamada "revolução cognitivista".

Alcançado este patamar, a questão relevante que importa agora esclarecer situa-se noutro plano: o da demonstração da utilidade prática da teoria.

2. Da teoria à prática: contributos para uma prática relacional

2.1. *Considerações prévias*

Eis-nos chegados a esta questão-chave: que utilidade prática decorre da Teoria Relacional da motivação e da aprendizagem?

A resposta exige breves considerações prévias de ordem geral sobre as relações entre *teoria* e *prática,* ou, de forma mais ampla, entre *teoria, investigação* e *prática*.

Qualquer actividade de ordem prática tem subjacente uma concepção teórica acerca da realidade em que ela se exerce. Trata-se, na maioria dos casos, de uma concepção espontânea, elementar, sem fundamentação científica e actuando de forma implícita.

Por seu turno, importa igualmente referir que de toda e qualquer concepção teórica decorrem sempre implicações de ordem prática, por intermédio de processos de operacionalização, transposição ou transferência do *plano do saber* para o *plano do saber-fazer*.

No que diz respeito especificamente à Psicologia, a clarificação desta questão pode beneficiar do aforismo que Kurt Lewin frequentemente utilizou segundo o qual *não há melhor prática do que uma boa teoria*. Dito de outro modo: para resolver dificuldades ou problemas de ordem prática o caminho mais adequado poderá ser o recurso à reflexão teórica e à investigação.

O aforismo remete, em primeiro lugar, para a exigência de fundamentar a escolha de uma concepção teórica de entre uma pluralidade de concepções alternativas. Só assim a teoria assumirá o estatuto de *boa teoria*.

Em segundo lugar, sublinha a utilidade prática da *teoria em si mesma*, independentemente da transferência para a prática em termos de procedimentos operacionais ou de programas de intervenção.

No caso da Teoria Relacional, a transposição dos conceitos do plano explicativo para o plano operativo consubstancia um modelo coerente de intervenção que designamos por *prática relacional,* e que nos últimos anos tem vindo a ser desenvolvida, de forma sistemática, caracterizando-se por ser *interactiva, intersubjectiva, construtivista* e *integradora*.

Não cabe, aqui, a explicitação de cada uma destas características, aguardando que a descrição de alguns exemplos de utilização permita ilustrá-las.

2.2. *Ilustração da utilidade clarificadora de questões relevantes da vida quotidiana: a questão da eficácia da publicidade*

Comecemos pelo efeito clarificador da teoria acerca da questão, actual e controversa, da eficácia da publicidade. A publicidade constitui, hoje, uma actividade significativa à escala mundial. A sua presença na vida quotidiana dos cidadãos é cada vez mais envolvente e a sua influência no comportamento das pessoas indesmentível. Se a publicidade não fosse eficaz, dificilmente se explicariam os vultuosos montantes financeiros nela investidos.

Mas onde reside a eficácia da publicidade? A explicação mais frequente atribui-lhe a capacidade de *criação* de necessidades novas até então inexistentes. A exposição à publicidade criaria, por condicionamento ou por aprendizagem pelo mecanismo do reforço, a necessidade de aquisição do produto publicitado. Actuando deste modo, por intermédio da criação de necessidades novas, a publicidade estaria a contribuir para o consumismo, apontado como uma das características mais negativas das sociedades actuais. A corrida ao consumo, a procura incessante de bens materiais teriam na publicidade uma das suas causas mais poderosas. Subjacente a esta explicação da eficácia da publicidade está, como facilmente se identifica, uma teoria: a teoria behaviorista da aquisição de necessidades novas a partir da satisfação de necessidades primárias. No contexto da Teoria Relacional, uma vez que não existe fundamento para a aprendizagem de necessidades novas, a explicação para a eficácia da publicidade terá de assentar noutros processos.

A função originária da publicidade consiste em informar ou em dar a conhecer ao público a existência no mercado de determinados produtos ou serviços que, de um modo geral, vêm competir com outros já existentes. Se as técnicas de publicidade se restringissem a esta função *informativa* não teriam seguramente alcançado o actual nível de elaboração e de complexidade. A eficácia da publicidade não reside prioritariamente aqui e não se limita à satisfação da necessidade cognitiva de informação. Funda-se no aproveitamento de diversos processos característicos do funcionamento da motivação humana com raiz na sua indeterminação comportamental. Salientamos, em primeiro lugar, o processo da *sobredeterminação* motivacional do comportamento de escolha. De entre diversos produtos ou serviços disponíveis, a escolha recairá sobre aquele que se apresentar como susceptível de satisfazer um maior número de necessidades ou o que revestir um maior número de valências. Trata-se da determinação da escolha em função da justificação do custo e da maximização do proveito. Daqui a 'boa' publicidade apresentar o produto ou o serviço como *polivalente,* isto é, como possuindo outras valências além daquela a que directamente corresponde o seu uso.

A publicidade utiliza, por outro lado, o processo de substituição compensatória *(ersatz),* que permite a um determinado objecto adequado à satisfação de uma necessidade ser substituído por outro ou outros nessa função. Não sendo possível nem realista a aquisição de um determinado produto, o consumo de um outro habilmente "publicitado" como substituto poderá funcionar eficazmente como compensação.

Além disso, a publicidade utiliza a *pluridimensionalidade sensorial da curiosidade humana,* enquanto expressão da necessidade cognitiva que procura concretizar-se sob modalidades comportamentais diversas, desde observar e escutar às actividades de tocar, de manipular, de experimentar o que é novo ou o que acaba de sair. E joga, sobretudo, com a insaciabilidade, já referida, da motivação humana.

Podemos dizer que a publicidade aproveita os conhecimentos de que dispomos acerca dos processos de motivação subjacentes à *decisão*, mas não cria necessidades novas.

Cinco Ensaios sobre Motivação

A publicidade funda-se, em suma, na indeterminação comportamental dos motivos que possibilita e incentiva a produção e a divulgação de uma pluralidade de objectos e de serviços susceptíveis de os concretizar no plano executivo. É perante esta diversidade de produtos "publicitados" que se gera a *tensão da escolha*. E é nesta tensão que reside um dos factores de mal-estar que a publicidade suscita.

A Teoria Cognitiva e Relacional da motivação e da aprendizagem, ao contribuir para o esclarecimento dos processos de ordem motivacional responsáveis pela eficácia da publicidade, reconhece que não esgota cabalmente a questão das críticas à publicidade, abrindo, assim, a reflexão à importância do papel dos valores e aos contributos da Ética.

As críticas ao consumismo e ao materialismo da sociedade actual equacionam, afinal, o problema da hierarquia dos valores do *ter* e do *ser,* denunciando os riscos de alienação que resultam de se erigir o valor do ter em finalidade da actividade humana, em vez de o colocar como *valor relativo e instrumental* ao desenvolvimento das potencialidades de ser. Dito de outro modo, o mal-estar difuso que é considerado perpassar nas sociedades de consumo não residirá tanto na criação de múltiplas necessidades por intermédio da publicidade, quanto no facto de se pretender colmatar a insaciabilidade da motivação humana através de meios efémeros e transitórios.

A iluminação da questão abre-se, deste modo, à reflexão sobre o sentido da vida ou sobre a finalidade da existência que à Antropologia Filosófica e à Ética cabe tematizar e racionalmente esclarecer. A psicologia da motivação, enquanto ciência, não poderá dar resposta a esta questão – mas também não pode deixar de reconhecer que o problema existe e que se reveste de grande actualidade.

2.3. A prática relacional em orientação vocacional e a problemática do insucesso escolar

Examinemos agora em dois domínios diferenciados de intervenção prática, de entre outros possíveis, como se tem processado a transferência ou a transposição de alguns aspectos relevantes da Teoria Relacional: o domínio da prática psicológica de orientação escolar e profissional, e o domínio da promoção do sucesso educativo.

2.3.1. A prática relacional de orientação escolar e profissional

Para muitos jovens, o processo de escolha por um dos diversos ramos curriculares que o sistema escolar oferece ou a decisão por uma modalidade de formação profissional representam frequentemente fonte de conflito. Tanto no plano cognitivo como no plano afectivo está em jogo a tomada de *uma opção* de consequências em grande parte irreversíveis comportando a *renúncia* a potencialidades de ser igualmente viáveis. Em muitos casos, a escolha por um curso ou por uma profissão é vivida como uma limitação de ser e, por conseguinte, como um *conflito de desenvolvimento*.

A prática relacional no domínio da orientação escolar e profissional centra-se sobre o apoio ao *processo de escolha* que envolve sempre múltiplos factores de natureza cognitiva, motivacional e afectiva, cuja articulação exige bastante tempo para ser processada. Afasta-se, por conseguinte, do *modelo psicotécnico* clássico que se apoia no *exame psicológico* individual, feito num momento do percurso escolar que se situa, em geral, na proximidade da realização da escolha, sendo, por isso, pontual. Os resultados dos testes de aptidões, de interesses e de características da personalidade são condensados num *perfil psicológico*, espécie de radiografia da "essência" ou da "anatomia" da personalidade. No contexto do modelo psicotécnico, o apoio à escolha processa-se por intermédio da comparação entre o *perfil psicológico*, obtido por intermédio dos testes, e o *per-*

fil profissiográfico, definido este último como o inventário de exigências psicológicas dos diversos ramos de estudo ou de actividades profissionais. Subjacente ao modelo psicotécnico e pontual de orientação escolar e profissional está, como é fácil de deduzir, uma concepção individualista, essencialista e estática do psiquismo, herdada dos dois primeiros "momentos" da construção da Psicologia como ciência.

De modo diverso, a *prática relacional* neste domínio organiza um conjunto articulado de actividades a desenvolver ao longo de um percurso temporal que poderá coincidir com o ano lectivo. Por intermédio desse conjunto de actividades, os sujeitos ensaiam e treinam o comportamento de *planeamento estratégico* de formulação de objectivos, de articulação de diversas informações úteis à organização de uma estrutura de meios-fins, indispensável ao auto-conhecimento, à fundamentação de escolhas e à construção de um projecto de vida.

Entre as actividades referidas, conta-se também a avaliação psicológica por meio de testes. Mas aqui os resultados dos testes não são utilizados para a elaboração de um perfil "psico-radiográfico" ou para o estabelecimento de classificações estáticas que, em casos negativos, funcionam frequentemente mais como um *estigma* do que como informação útil de apoio à recuperação e ao desenvolvimento pessoal. Na prática relacional, os resultados dos testes são utilizados como uma "amostragem" das capacidades do sujeito naquele momento e naquela situação de teste, capacidades que podem evoluir por intermédio de actividades de metacognição, de interpretação e de reflexão crítica realizadas pelo próprio sujeito numa estratégia de promoção do auto-conhecimento. Trata-se em suma, de uma prática de *avaliação psicológica dinâmica,* que equipas de psicólogos de diversos países têm vindo nos últimos anos a tematizar e a pôr em prática (Lidz, 1987), visando prioritariamente a activação dos processos de desenvolvimento pessoal.

Característica relevante da prática relacional de orientação escolar e profissional é a sua articulação com as actividades pedagógicas. Com efeito, entre o processo de escolha e o rendimento obtido nas diversas disciplinas há relações recíprocas evidentes. Por um lado,

Motivação, aprendizagem e desenvolvimento

o nível do rendimento escolar pode influenciar, de modo positivo ou negativo, o processo de escolha e, por seu turno, a elaboração de um projecto de vida pode contribuir para dar sentido às actividades escolares, activando, deste modo, a motivação e influenciando a melhoria das aprendizagens.

É neste cruzamento das actividades psicológicas de orientação e das actividades pedagógicas que se apoia a opção de inserir os serviços de psicologia na própria escola. Com efeito, a escola constitui ou deve constituir o *campo psicológico* ou o *espaço de vida* dos adolescentes mais adequado a apoiá-los na organização de estruturas meios-fim indispensáveis ao desenvolvimento pessoal, interpessoal e comunitário. No nosso país, a experiência de colocar psicólogos de orientação vocacional nas escolas tem vindo a ser sistematicamente prosseguido desde 1983. Em 1990, correspondendo a necessidades expressas pelas escolas e ao reconhecimento dos benefícios prestados, foram criados os Serviços de Psicologia e de Orientação, cuja instalação se encontra em curso.

Trata-se de uma medida *inovadora* a que importa dar condições de rentabilizar as potencialidades que encerra de contribuir para a concretização do ciclo da qualidade no sistema educativo.

Pelas razões expostas, a problemática do insucesso escolar não pode ser indiferente aos psicólogos de orientação vocacional.

2.3.2. *Clarificação teórica do insucesso escolar e promoção prática do sucesso educativo*

No contexto da teoria relacional da motivação e da aprendizagem, o insucesso escolar não pode ser compreendido como uma função exclusiva de eventuais deficiências psicológicas dos alunos, nem como um produto directo das condições socio-económicas das respectivas famílias. A perspectiva relacional do insucesso escolar permite superar tanto as interpretações defectológicas, centradas sobre uma concepção "individualista" e "solipsista" do psiquismo, como as interpretações macro-sociológicas que atribuem às estruturas socio-económicas o estatuto de variáveis independentes de que os fenómenos psicológicos e pedagógicos constituiriam simples epifenómenos.

Em vez de procurar explicar o insucesso escolar em termos deterministas de relações entre *causa e efeito,* a perspectiva relacional encara-o como a resultante de uma rede complexa de diversos factores e de circunstâncias actuantes no *campo psicológico* dos alunos. O *insucesso* é considerado *pluridetermidado.* E esta mudança que se verifica no plano da compreensão teórica não poderá deixar de ter uma tradução directa no plano da prática. A mudança, neste plano, deve assumir a descentração do diagnóstico de eventuais deficiências psicológicas dos aprendizes para a clarificação e a activação da dinâmica do campo psicológico, envolvendo a rede de relações entre os alunos, os pais, os professores, por um lado, e as actividades de ensino e de aprendizagem, por outro, de forma a tornar estas últimas significativas e mobilizadoras.

Em face da complexidade e da variabilidade das situações, compreende-se que a intervenção tenha necessariamente de assumir o carácter de uma *investigação-acção,* na qual o psicólogo actua prioritariamente como um catalizador da reestruturação do campo ou como agente de desenvolvimento das pessoas e da rede de interacções que entre elas e as tarefas se estabelece.

Os resultados obtidos em experiências de investigação-acção com turmas constituídas por alunos de rendimento escolar muito baixo demonstraram que é possível diminuir o insucesso escolar ou, de forma mais construtiva, que *é possível garantir o sucesso educativo para todos,* desde que se actue de forma estratégica sobre um conjunto complexo e integrado de variáveis e de processos que convergem no aperfeiçoamento das práticas de ensino e de aprendizagem.

Motivação, aprendizagem e desenvolvimento

2.4. Do modelo interactivo do sistema educativo à proposta de operacionalização de uma metodologia de ensino construtivista, relacional e dinâmica

A compreensão das implicações da teoria relacional no domínio da prática pedagógica requer que seja clarificado o lugar que essa prática ocupa no modelo dinâmico e interactivo do sistema educativo inspirado na teoria relacional. Uma representação gráfica do modelo encontra-se na página seguinte.

Entre as motivações dos diversos actores do processo educativo (alunos, pais, professores) e as finalidades ou metas globais do sistema, que têm a sua origem naquelas motivações, situam--se actividades intermediárias ou sub-sistemas tão importantes como a organização curricular, a gestão das escolas, os métodos de ensino e de aprendizagem, a orientação escolar e profissional, e a avaliação. O simples estatuto de actividades mediadoras ou instrumentais atribuído a estes sub-sistemas que acabamos de referir não lhes retira valor, porque na totalidade do sistema todos os componentes são indispensáveis à organização e ao bom funcionamento do conjunto.

O modelo relacional do sistema educativo, cujo esquema se anexa (Fig. 8), permite compreender a interacção entre *variáveis macroscópicas* e *variáveis microscópicas* do sistema, e é igualmente aplicável à compreensão da dinâmica interactiva do funcionamento de cada um dos sub-sistemas do plano intermediário.

2.4.1. *Análise da situação da relação pedagógica usual e a necessidade de promover a renovação qualitativa dos métodos de ensino e de aprendizagem*

Mas a inovação qualitativa a introduzir nas actividades de ensino e de aprendizagem, inovação susceptível de assegurar o *sucesso educativo para todos*, requer também que se proceda a uma análise

Cinco Ensaios sobre Motivação

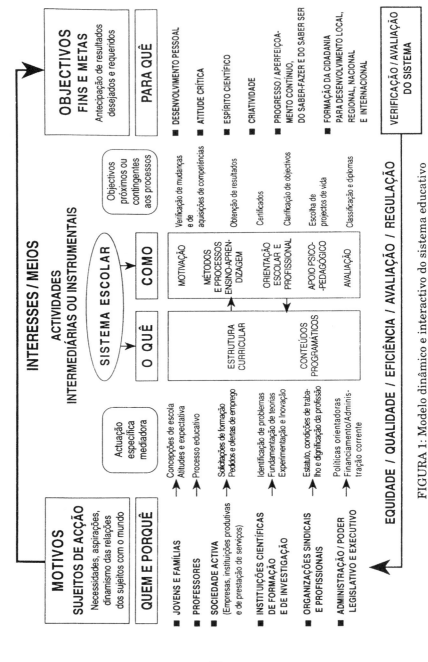

FIGURA 1: Modelo dinâmico e interactivo do sistema educativo

Motivação, aprendizagem e desenvolvimento

prévia da situação actual da prática pedagógica corrente nas salas de aula da maioria das escolas básicas e secundárias.

Impõe a objectividade científica reconhecer que os processos de ensino e de organização da aprendizagem, envolvidos directamente na relação pedagógica, não têm sido objecto de aperfeiçoamentos nas sucessivas reformas do sistema educativo. Na verdade, elas têm tido por alvo prioritário a reformulação e a actualização dos *curricula* e dos conteúdos programáticos. Tudo tem acontecido como se as questões respeitantes à relação pedagógica constituíssem domínio tabu ou interdito. Hipótese alternativa, e por certo idílica, atribuiria a ausência de propostas de reforma neste domínio à ausência de problemas ou de dificuldades.

Todos sabemos não ser esta a situação que, de resto, é comum a muitos países europeus, em que a problemática dos métodos de ensino e de aprendizagem não foi colocada até agora na ordem de prioridades dos reformadores.

Com efeito, a introdução nas escolas de tecnologias audiovisuais, e, mais recentemente, de equipamentos informáticos de computação, não tem suscitado mudanças significativas nos *processos* de ensino, que continuam a basear-se no método expositivo como veículo fundamental da transmissão dos conhecimentos condensados nos programas escolares. Porém o ponto crítico não reside fundamentalmente aqui, mas no facto de que tanto as actividades de ensino dos professores como as actividades de estudo dos alunos se encontrarem predominantemente canalizadas para a realização dos testes de conhecimentos ou das provas de avaliação classificativa. Designadamente no decurso do 2.º ciclo do ensino básico e do ensino secundário, as provas de avaliação ocorrem com uma frequência quase obsessiva, por forma a garantir o cumprimento da obrigatoriedade que os professores têm de atribuir ao "rendimento" dos alunos classificações quantitativas no final de cada período escolar.

O ritmo e a dinâmica da relação pedagógica são marcados pelo sub-sistema de avaliação a que se tem vindo a atribuir um papel deslocado relativamente às suas funções instrumentais de regulação dos processos de ensino e de aprendizagem. Com efeito, recorrer à realização de provas de exame para remediar lacunas de formação ocorridas em etapas anteriores do sistema equivale a atribuir aos exames virtualidades pedagógicas que, na prática, pertencem aos métodos de ensino e de organização da aprendizagem. As provas de avaliação constituem instrumentos indispensáveis ao treino dos alunos ao longo do percurso de formação ou de aquisição das competências estabelecidas. Nesta medida, as provas de avaliação fornecem informações úteis aos professores e aos alunos para procederem às regulações necessárias das suas actividades com vista à demonstração, no final, do saber e do saber-fazer. Sendo instrumentos imprescindíveis de regulação do ensino e da aprendizagem, as provas de avaliação não poderão substituir-se aos métodos de ensino nem remediar lacunas ou deficiências que neles ocorram. Importa, por isso, procurar esclarecer o lugar que ocupam e a função que desempenham no sistema educativo alguns dos componentes que temos vindo a referir, designadamente os métodos pedagógicos, as modalidades de avaliação e as respectivas relações com as finalidades que se pretendem alcançar. Neste sentido, torna-se indispensável consciencializar os efeitos negativos resultantes da avaliação classificativa ter vindo progressivamente a ser colocada no lugar dos objectivos, transformando-se de *meio* instrumental em *fim* a atingir situação que concretiza objectivamente uma condição de alienação, geradora de mal-estar, inibidora da motivação dos intervenientes e da dinâmica de desenvolvimento do sistema.

A realização de provas de *avaliação classificativa* "comanda" e marca o ritmo das actividades de professores e de alunos, e nem os pais nem os futuros empregadores questionam a situação: o que parece ser importante para a grande maioria deles é que, no termo da escolaridade, a titularidade de um diploma permita o concurso ao mercado de trabalho que ainda continua, em larga escala, a confiar na correspondência entre as classificações académicas e a qualidade da formação adquirida. A escola é vista, deste modo, não tanto como um espaço de formação e de desenvolvimento pessoal e comunitário mas como uma instituição onde se podem adquirir diplomas ainda com valor social em termos de emprego. *Ter* ou *obter* o diploma constitui para um grande número de famílias o objectivo fundamental da aprendizagem e o interesse prioritário da frequência escolar.

Encontramo-nos, de novo, muito próximos de uma *inversão de valores* ocupando o *valor do ter* primazia sobre o *valor do ser* e do seu desenvolvimento em termos pessoais e profissionais.

Uma análise comparativa entre a *prática pedagógica* corrente, que esquematicamente foi exposta, e os objectivos do sistema educativo que a Lei de Bases estipula leva-nos a concluir pela existência de um grande desfasamento entre o que se pratica e o que se formulou como sendo necessário e desejável atingir.

Com efeito, por intermédio de uma prática pedagógica centrada de forma predominante na *transmissão verbal* de um saber codificado em programas "prontos a servir" e na avaliação da assimilação desse saber por *reprodução predominantemente verbal,* torna-se difícil fomentar, conforme recomenda a Lei de Bases, "a capacidade de raciocínio", o "espírito crítico e a criatividade", "o desenvolvimento da curiosidade científica", o "desenvolvimento de atitudes de reflexão metódica, de abertura de espírito", o "desenvolvimento do espírito científico e do pensamento reflexivo", em suma, "o pleno desenvolvimento da personalidade".

Ao invés, a prática pedagógica corrente centrada na transmissão e reprodução verbal do "saber constituído" tem contribuído para induzir, na globalidade, *atitudes de conformação* e de *reprodução* do já feito ou do já dito, em vez de fomentar e de treinar *atitudes de questionamento, de curiosidade e de produção* que consubstanciam a mentalidade científica e a iniciativa criadora.

Por outro lado, esta metodologia usual de ensino centrada na transmissão e reprodução não favorece uma aprendizagem eficaz e duradoura de conhecimentos que, mal concluídos os testes, iniciam um rápido processo de esquecimento, perdendo eficácia e utilidade, conforme mostram os resultados de diversas investigações acerca da caducidade dos conhecimentos científicos.

Cinco Ensaios sobre Motivação

A este propósito, André Giordan e Gérard De Vecchi escreveram em livro recente intitulado *Les origines du savoir; des conceptions des apprenants aux conceptions scientifiques:*

"... as investigações realizadas em diversos países da Europa revelaram que actualmente a maior parte do saber científico, ensinado durante a escolaridade, é esquecido passados poucos anos ou mesmo algumas semanas, ... no caso de ter sido mesmo adquirido. Os conhecimentos são dificilmente transmissíveis, tanto de uma maneira individual como social. O "transfert" entre níveis diversos de ensino parece fazer-se com dificuldade. (...) O saber adquirido é, por fim, dificilmente reinvestido ou utilizado na vida corrente ou mesmo na vida profissional para explicar um fenómeno ou para orientar uma decisão" (Giordan, 2, 1990, p. 15).

E mais adiante afirmam:

"o ensino actual, pelo contrário, impõe a passividade e o aborrecimento, de modo a que o aluno longe de encontrar uma motivação (na falta de uma vocação), apressa-se a esquecer tudo a partir do momento em que tenha realizado o exame".

As propostas dos autores para a renovação metodológica indispensável a uma aprendizagem duradoura e eficaz passam assim pela estruturação de uma *didáctica construtivista,* que seja capaz de conduzir o processo de aprendizagem, tendo em conta as concepções de natureza empírica que os alunos possuem previamente à transmissão pelos professores dos conhecimentos científicos, de forma a suscitar a sua *reestruturação* e a sua *incorporação* pelo aprendiz. O objectivo é, por conseguinte, a *apropriação* pessoal dos conhecimentos, do saber e do saber-fazer, a partir da reorganização das concepções pré--científicas, "espontâneas" ou "alternativas" que todo o aprendiz tem relativamente a áreas ou a conteúdos consignados nos programas de ensino.

Os resultados das investigações de Giordan e de De Vecchi, prioritariamente centrados em torno da renovação didáctica das Ciências da Natureza revestem-se de um elevado grau de transferência para outros domínios curriculares e convergem com as orientações de ordem prática decorrentes da teoria relacional da motivação e da aprendizagem.

A operacionalização de uma metodologia construtivista, relacional e dinâmica, não constitui tarefa fácil.

Exige a constituição de equipas de trabalho pluridisciplinares que teriam de proceder a estudos orientados no sentido da concretização, em termos operacionais, do plano estratégico que ficou esboçado. Trata-se, sem dúvida, de uma tarefa arriscada, mas imprescindível à superação de lacunas e de deficiências identificados no funcionamento de subsistemas do sistema educativo. E valerá a pena encetá-la, porque por ela passará inevitavelmente o ciclo da mudança qualitativa do sistema educativo, que haveremos de vencer.

É tempo de concluir.

Os múltiplos problemas suscitados pela complexidade das nossas relações com o mundo exigem um aperfeiçoamento das relações recíprocas entre construção teórica, investigação e intervenção prática.

Importa reconhecer, com humildade, que para muitos desses problemas a ciência não tem ou não tem ainda respostas imediatas nem soluções "prontas a servir". A ciência não tem vocação totalitária: perante a complexidade e a "indeterminação" fenomenal da realidade, ela deve abrir-se à complementaridade da reflexão filosófica e da Ética. Mas a dinâmica do desenvolvimento humano, interpessoal e comunitário, não dispensa a contribuição dos conhecimentos científicos. E seria tão absurdo pretender que a ciência dê resposta a todos os problemas como ignorar ou negligenciar os seus contributos.

Ora, um dos contributos não negligenciáveis da Ciência consiste no reconhecimento dos limites da nossa condição humana, na linha do incitamento de Sócrates de nos conhecermos a nós mesmos, que no contexto histórico-cultural do Séc. V a. C. poderia significar o reconhecimento da transitoriedade da vida ou a renúncia à pretensão de, na Terra, se concretizar a Perfeição ou alcançar o Absoluto, pretensão essa cujos riscos Karl Popper denunciou e que Santo

Agostinho superou ao colocar a Perfeição na Cidade de Deus e não na cidade dos homens.

Conscientes de que nada é definitivo no conhecimento da nossa condição humana, retomemos com esperança sempre renovada, no início deste novo ano académico, as nossas actividades de estudo, de ensino e de aprendizagem, tendo no horizonte o desenvolvimento das nossas potencialidades de ser e o aperfeiçoamento das nossas relações com o Mundo. Concretizando deste modo o *amor pelo saber* e a *paixão de fazer bem aquilo que nos cumpre fazer,* estaremos a invocar e a viver o *Espírito da Sapiência ou da Sabedoria* que mais não é, na linha da teologia e da tradição cristãs, que o Espírito Santo, fonte mobilizadora da nossa confiança no fluxo contínuo dos *trabalhos e dos dias.* Assim, enfrentaremos, de forma criadora, os múltiplos desafios e problemas, incertezas e angústias, correlativas da nossa Liberdade, e realizaremos os projectos que vale a pena preparar e empreender.

CAPÍTULO V
O PROBLEMA DA VIOLÊNCIA E O DESAFIO CULTURAL DO NOSSO TEMPO *

SERÁ O HOMEM POR NATUREZA VIOLENTO?

A persistência de actos violentos na vida quotidiana das sociedades actuais, a emergência de novas modalidades de agressão, a sua expansão e ocorrência em locais e instituições sociais onde tradicionalmente eram pouco frequentes, como nos recintos desportivos, nas escolas e no interior das próprias famílias, suscitam uma preocupação crescente na maioria dos cidadãos. Os chamados "cidadãos comuns" interrogam-se, inquietam-se, formulam queixas e, eventualmente, aguardam que os responsáveis políticos tomem medidas adequadas e capazes de diminuir os actos violentos e punir com justiça os seus autores. As autoridades públicas, a quem compete velar pela administração dos meios disponíveis para garantir a segurança dos cidadãos, sentem idêntica inquietação, interrogam-se igualmente acerca das "razões" para a persistência de conflitos armados e para a ocorrência aparentemente crescente de agressões e crimes. A resposta mais frequente dos responsáveis políticos consubstancia-se no reforço das polícias e no agravamento das punições. Perante os ataques e ameaças de novos actos de violência, a resposta imediata é a manifestação das forças de defesa e dos dispositivos de retaliação. Numa linha de actua-

---

* Conferência proferida nas II Jornadas de Estudo da "Sociedade Portuguesa de Psicologia" que se realizaram em Lisboa, nos dias 26 e 27 de Junho de 1995, subordinadas ao tema geral Psicologia e Cultura.

ção que vem de muito longe no tempo, a preparação da Guerra parece constituir ainda hoje o caminho tido como mais adequado para assegurar a Paz! É óbvio que a adopção de tais medidas não constitui solução eficaz para o problema nem promove uma melhor compreensão dos factores e das condições que antecedem os comportamentos agressivos e um melhor entendimento da complexidade dos seus efeitos. A persistência das guerras, dos crimes, dos actos violentos, em suma, coloca, de novo, o problema da agressão como um dos mais acutilantes com que os homens de hoje se confrontam. A preparação de acções mais eficazes requer um esforço de clarificação conceptual, uma teoria ou visão mais ampla e articulada sobre a complexidade dos factores e das circunstâncias que influenciam a eclosão de comportamentos agressivos. Os aspectos fundamentais do problema da violência podem condensar-se nesta questão: *será o homem por natureza violento?* A agressividade tem origem num dinamismo intrínseco à própria vida? As suas manifestações têm, por isso, uma natureza espontânea, inata e inevitável, apesar de todos os esforços no sentido de as superar e controlar? Ou, pelo contrário, a agressividade, não constituindo uma "força" inata de actuação, é apenas uma potencialidade de agir em função da confluência de circunstâncias percepcionadas e vivenciadas de tal modo que as pessoas e os grupos não vêem outra saída a não ser a execução de actos violentos? Dito de outro modo: a violência é uma *fatalidade,* que a humanidade não poderá nunca evitar, ou uma *possibilidade de agir* influenciada por factores e condições identificáveis, podendo, por conseguinte, ser inibidos e modificados?

    As respostas às questões acima enunciadas exigem, como óbvio, a convergência de perspectivas e de contributos de diversas ciências, num esforço de síntese interdisciplinar, de clarificação e de articulação conceptual e de fundamentação teórica. Trata-se de uma tarefa de investigação de grande fôlego a empreender por uma equipa multidisciplinar e com uma distância temporal de vários anos. A realização deste empreendimento constitui, indubitavelmente, um dos mais importantes desafios culturais do nosso tempo. Neste contexto, o propósito que, aqui, nos move consiste em contribuir para a identificação de aspectos fundamentais do problema. Com ela procuramos pôr em evidência a necessidade de uma clarificação conceptual, no domínio da própria Psicologia, e a necessidade da formulação de uma perspectiva multidisciplinar e de uma visão relacional, articulada e integradora de contributos provenientes de diversas ciências para a compreensão da complexidade dos comportamentos agressivos.

Estamos conscientes da ousadia do projecto, não apenas pelo número de publicações que o problema da agressão continua a suscitar, e que exige um acompanhamento nem sempre conseguido, mas sobretudo pela dificuldade em delinear uma visão abrangente desse problema e das implicações que dele decorrem, tanto no plano pessoal como no plano social. É tarefa exigente e ao propô-la temos apenas o intuito de promover a sensibilização correspondente à exigência de clarificação de um problema que se reveste hoje de uma actualidade irrecusável.

1. **Contributos para o reconhecimento da necessidade de clarificação conceptual e de construção de uma teoria integradora. Análise da concepção de Konrad Lorenz**

    1.1. *Os paradoxos da persistência e da "democratização" dos comportamentos violentos numa sociedade científica e tecnologicamente avançada*

Num livro intitulado *L'agressivité humaine: Approche analytique et existentielle*, publicado em 1975 e que constitui, ainda hoje, uma excelente "revisão" das questões mais relevantes que a agressividade humana suscita, tanto do ponto de vista teórico como do ponto de vista prático, Jacques Van Rillaer afirma que "a agressão coloca de imediato o problema do bem e do mal" e, logo de seguida, acrescenta que "a investigação psicológica não pode resolver por si só o problema dos valores". Ao mesmo tempo que mostra a especificidade e a indispensabilidade dos contributos da psicologia para a compreensão da agressividade humana, Van Rillaer apela para a articulação dos contributos da psicologia com os contributos de outras ciências e, designadamente, os da filosofia dos valores, em especial, os da ética. O projecto de construção de uma visão articulada e integradora de perspectivas diversas e sectoriais pressupõe o esforço prévio de crítica e clarificação conceptual das contribuições provenientes de diferentes domínios científicos. O esforço desenvolvido por Van Rillaer no seu livro constitui um exemplo significativo da linha de trabalho que importa prosseguir e alargar.

Entretanto, a persistência de múltiplas formas de agressão nas sociedades actuais enforma uma realidade difícil de compreender e de aceitar, colocando pelo seu carácter problemático e paradoxal um *desafio* que se dirige, em simultâneo, à razão e à *consciência moral*. Com efeito, nunca como hoje a humanidade pôde dispor de tantos conhecimentos científicos e tecnológicos que permitiriam o desenvolvimento económico e social mais equilibrado entre todas as regiões da Terra, e, no entanto, continuamos a assistir ao aprofundamento dos desníveis de bem-estar, de qualidade de vida e de condições propícias ao desenvolvimento. No plano mundial, as disparidades de desenvolvimento integrado entre nações e continentes permanecem muito acentuadas, registando-se uma consciencialização crescente das diferenças de condições de vida e de oportunidades. Esta situação é virtualmente geradora de tensões, e de um potencial de frustração e de agressividade. As respostas dos povos menos desenvolvidos têm sido fundamentalmente de dois tipos. Por um lado, lançam-se alguns numa corrida à exploração "desmesurada" dos seus recursos naturais com vista a obter meios de investimento noutras áreas, procurando, assim, alcançar rapidamente níveis de crescimento industrial próximos dos níveis dos países mais desenvolvidos. Por outro lado, as opções de outros povos vão no sentido de repudiarem o modelo de desenvolvimento centrado sobre critérios de produtividade económica, afirmando a possibilidade de modelos alternativos de desenvolvimento, apoiados no reconhecimento e afirmação de uma *identidade cultural* própria, que em muitos casos, como nalguns países do Próximo Oriente, funciona como factor de diferenciação e valorização de meios próprios, susceptível de ser "aproveitado" por movimentos "fundamentalistas" na sua estratégia de oposição e de luta contra modelos sociais e culturais diferentes, percepcionados e apresentados como "inimigos". Perante as disparidades de desenvolvimento entre os povos no plano mundial, há, certamente, outras possibilidades de resposta com repercussões igualmente problemáticas e arriscadas para a Paz.

De qualquer modo, o que, em face desta realidade, importa prioritariamente considerar é a necessidade de proceder a uma *reflexão prospectiva* para nela se fundamentarem estratégias globais de acção que tenham como objectivo principal promover o desenvolvimento solidário pelo aproveitamento dos conhecimentos científicos e pela utilização apropriada dos inventos tecnológicos. O subdesenvolvimento constitui, objectiva e subjectivamente, fonte de insatisfação e de mal-estar. Um dos desafios maiores do nosso tempo é o de enfrentar esta distância entre o desenvolvimento científico e tecnológico e o desenvolvimento, menos rápido, da consciência moral e da solidariedade, tentando concilia-los no seu ritmo de repercussões no plano da acção. Consideramos como hipótese altamente provável que uma visão global dos *motivos* e dos principais *factores do desenvolvimento humano* constitui pressuposto indispensável à assunção deste desafio.

Exigência teórica semelhante a esta que acabamos de explicitar decorre da consciencialização não só da persistência e multiplicidade de actos violentos nas sociedades actuais como também da sua "proximidade", denotando um fluxo crescente de "emergência" e de "saliência mediática" que aparece como revelador da intensificação do movimento de "democratização da violência", que Van Rillaer havia já identificado no livro acima referido. A prática da violência sempre esteve muito ligada ao Poder. O Poder detinha o controlo das armas e, sobretudo, mantinha em segredo os conhecimentos do seu fabrico e distribuição. Esta relação entre o Poder e a violência armada tem vindo a atenuar-se. A liberalização do acesso e do comércio das armas constitui uma condição favorável à "democratização da violência". Sabemos e sentimos hoje de uma forma muito nítida que a regulação de certas modalidades de agressão e de perturbação da "ordem instituída" não estão dependentes de decisões e de negociações das autoridades detentoras do Poder. A "guerrilha" e o "terrorismo" constituem exemplos ilustrativos desta nova situação. Por outro lado, a percepção desta realidade tem vindo a tornar-se mais clara a partir da "queda do Muro de Berlim" e do "fim da Guerra fria". Até então, a ameaça de destruição global da humanidade estava polarizada no antagonismo das duas "Grandes Potências", que detinham a supremacia das armas nucleares, embora já não o seu exclusivo, conservando todavia uma influência hegemónica no exercício do poder no plano mundial. Desde o termo da Segunda Grande Guerra, o mundo esteve dividido em dois blocos: o bloco das "democracias ocidentais" e o bloco do "imperialismo soviético", que mantinham entre si um equilíbrio instável e uma tensão vivida à escala mundial. Com o desmoronar do bloco soviético e o "fim da Guerra fria", simbolicamente representados pela "queda do Muro de Berlim", as expectativas de um largo período de distensão, de estabilidade e de paz eram razoáveis e legítimas. Mas a realidade, na sua dureza, encarregou-se de as gorar. O fim da guerra fria não trouxe, afinal, o clima de tranquilidade e de paz que muitos cidadãos de todo o mundo esperavam. Pelo contrário. Emergiram novos conflitos armados e a ocorrência frequente de formas diversas de agressão e de violência entre pessoas e grupos restritos tornou-se mais visível por influência dos meios de comunicação social. É como se a ocorrência e a "saliência social" destes comportamentos violentos se encontrassem camuflados pela tensão existente à escala mundial e, ao serem agora mais facilmente percepcionados, exercessem o efeito revelador do "ponto de origem" da violência. É como se descobríssemos quase de repente, que, afinal, a violência não provém apenas do lado do "inimigo", não tem uma origem distante de cada um de nós mas próxima, não mora apenas nos outros mas habita também em nós. A consciencialização desta realidade não é fácil de aceitar. Ao invés, traz intranquilidade, gera resistências e processos inconscientes de atribuição aos outros de impulsos agressivos que não queremos reconhecer como próprios. Alguns destes processos de "negação" da realidade comportam riscos a que importa estar atento. A representação de que "os inimigos estão próximos" e de que não há quem possa controlá-los pode conduzir, entre outras manifestações de insegurança, à decisão de "fazer justiça por suas próprias mãos" ou à proliferação de milícias populares. Por outro lado, nota-se uma preocupação crescente com o reforço da autoridade das polícias, assiste-se ao ressurgimento da ideia dos "benefícios" preventivos das penas que tem conduzido ao "endurecimento" das medidas punitivas e à "reabilitação" da pena de morte, mesmo em culturas e sociedades que a excluíram há muito dos seus princípios de vida e dos seus regimes jurídicos. É importante não escamotear o problema nem nos deixarmos iludir com medidas imediatas e aparentemente segurizadoras. *A forma mais eficaz de esconjurar o "fantasma", da violência não é, por certo, a utilização de outras formas de violência.* Torna-se imprescindível começar por reconhecer a complexidade do problema e a necessidade de reflexão, afirmando claramente que a sua resolução não passa pela via de uma intensificação da força e da demonstração dela, mesmo a pretexto de uma indispensável acção "preventiva". Importa afirmar que a *agressão não se combate com a agressão, nem a violência com mais violência*. A acção correcta, ou, melhor dito, a *acção ética* decorrerá de uma *exigência da consciência moral* iluminada pelo *conhecimento* que a razão há-de organizar no seu esforço de reflexão sobre a realidade problemática.

Por isso, um dos passos fundamentais a realizar para o esclarecimento do problema consiste na construção de uma concepção teórica abrangente, global, holística, que se revele capaz de apreender a complexidade da rede de interacções dos principais factores e condições possíveis de gerar comportamentos agressivos. Neste sentido, importa promover, no interior de cada domínio científico, o esforço de convergência dos contributos específicos de cada um deles numa perspectiva articulada e integradora, o que requer que ela seja não apenas convergente mas intrinsecamente coerente. Daqui a necessidade e a prioridade da tarefa de clarificação conceptual e de fundamentação teórica dos contributos de cada ciência. Não se trata apenas de um trabalho, também requerido, de estabelecimento de "definições" mais rigorosas e de "ordenação lógica" das relações entre diferentes conceitos. Visa-se sobretudo a redução de ambiguidades e de inconsistências conceptuais como meio de garantir a constituição de uma teoria intrinsecamente coerente, condição indispensável para outros passos no processo de clarificação do real e de fundamentação de acções eficazes na promoção do desenvolvimento humano, na prevenção de comportamentos agressivos e na concretização de condições favoráveis à construção da Paz.

1.2. *A ambiguidade da posição de Lorenz: o instinto de agressão como "mal natural" e, simultaneamente, como factor de conservação e de geração de vida.*

Podemos ilustrar algumas das exigências metodológicas que acabamos de apresentar, analisando, no domínio da Psicologia, a ambiguidade que julgamos existir na posição de Konrad Lorenz a propósito da sua "profissão de optimismo" quanto à possibilidade de controlar a agressividade humana por intermédio da educação e da cultura. Ou seja, no plano da explicação, Lorenz desenvolve o que designa por "história *natural* do mal", apoiando-se em factos e em conceitos construídos no domínio da Biologia, considerando o "instinto de agressão" como factor originário dos comportamentos agressivos. Temos, por conseguinte, uma concepção biológica, naturalista, inatista acerca da génese e natureza da agressão, atribuindo-a a uma força espontânea, intrínseca ao dinamismo da própria vida. Porém, no plano da acção, Lorenz não professa uma posição fatalista, considerando mesmo que a agressividade pode ser inibida pela acção de factores "não biológicos". De facto, para esse efeito, Lorenz invoca exclusivamente as virtualidades de outros factores e condições, de natureza psicológica e cultural, propícias ao desenvolvimento das pessoas e das comunidades humanas como sendo capazes de superar os "impulsos" do instinto de agressão no sentido do mal. Por conseguinte, no plano da explicação, Lorenz funda-se no "mecanismo" do instinto, enquanto força espontânea que por si só é suficiente para desencadear comportamentos agressivos, mas, no plano da prática, defende uma posição de optimismo apoiada na capacidade superadora dos factores da cultura. Estamos perante uma concepção que ilustra o reconhecimento, pelo menos de forma implícita, da necessidade de uma visão integrada e não segmentar do papel dos factores biológicos e dos factores psicossociais e culturais na génese, desenvolvimento e inibição da agressão. Neste processo de interacção, é a biologia que predomina como factor que explica a cultura, não sendo atribuída a esta última o estatuto de "determinar reciprocamente mudanças ou alterações nos processos biológicos" (Alferes, 1985).

Mas há na tese de Lorenz um outro aspecto que requer um esforço suplementar de clarificação conceptual. Com efeito, para Lorenz, o instinto de agressão desempenha simultaneamente uma função negativa e uma função positiva. É o instinto de agressão que garante, na "luta pela vida", a sobrevivência e a conservação dos indivíduos e das espécies. Na "história natural do mal", tal como Lorenz a pretende explicar, o instinto de agressão aparece mais como factor de construção da vida do que como factor de destruição. Em muitos passos da obra de Lorenz, as funções "benéficas" do instinto de agressão são superiores à função "maléfica", induzindo a impressão de estarmos quase perante um "elogio do instinto de agressão"! Sem combatividade e sem vontade de afirmação, os seres vivos não conseguiriam adaptar-se, procriar e sobreviver como espécies no decurso da evolução. Nesta medida, afirma Lorenz, enquanto factor de preservação e de conservação da vida, o instinto de agressão tem de ser visto como um factor positivo. A função negativa é, neste contexto, atribuída a "falhas" ou "desvios" do instinto *("ratés")*. Temos de reconhecer que esta concepção atribui ao instinto de agressão uma ambivalência de opostos, sendo simultaneamente factor de conservação e factor de destruição de vida, sem explicar de forma clara sob que condições o mesmo instinto "muda de fase", passando a agir no sentido contrário ao que até então tinha agido. A proposta de Lorenz do "desvio" ou "falha" do instinto de agressão não parece nem teoricamente fundamentada nem empiricamente apoiada.

A exigência de clarificação conceptual, que anteriormente considerámos indispensável, convida à redução da ambiguidade explícita na concepção lorenziana do instinto de agressão como *factor de criação* e, em simultâneo, como *factor de destruição de vida*. O facto de sabermos que Lorenz foi inclinado a esta junção por recusar o pessimismo que inevitavelmente decorre da admissão da hipótese freudiana de uma "pulsão de morte" separada e autónoma da "pulsão de vida" não constitui justificação que nos permita aceitá-la. A fim de evitar uma concepção que o conduzisse a defender a fatalidade ou a inevitabilidade da agressão, como seria o caso da concepção de Freud da dualidade da pulsão de vida e da pulsão de morte, Lorenz juntou no mesmo instinto as duas funções antagónicas. Lorenz coloca-se inteiramente ao lado da vida: por um lado, reconhece que a vertente "sadia" do instinto de agressão está ao serviço da sobrevivência e da conservação da vida; por outro lado, defende que é possível que a cultura humana corrija ou controle as lacunas, os desvios ou os deslizes a que o instinto de agressão está sujeito. Em função desta "oposição" à concepção hipotética de Freud, poderemos compreender melhor o "sentido" da concepção de Lorenz, podemos até, eventualmente, ter alguma simpatia por ela. Mas não é por nenhuma destas razões que deixaremos de reconhecer a sua ambiguidade ou, mais propriamente, o seu carácter intrinsecamente equívoco. Importa, por conseguinte, sem qualquer sombra de ambiguidade esclarecer que a agressão é por sua natureza nociva, prejudicial, destruidora de vida e perturbadora das condições do seu desenvolvimento. *Não se vislumbram fundamentos para considerar agressões boas e agressões más*. Por natureza, toda e qualquer modalidade de agressão é nefasta. Torna-se, pois, indispensável que se proceda a um esforço de clarificação conceptual para designar por conceitos diferentes factores que desempenham no comportamento dos seres vivos, em especial nos animais e no homem, funções diferentes. Rejeitar este esforço será equivalente a aceitar a confusão e o equívoco. Como proceder para tentar reduzir a ambiguidade da concepção de Lorenz e contribuir para a desejável clarificação conceptual, sem cair na posição freudiana? Será possível empreender este intento clarificador procurando, em simultâneo, começar a dar contributos para uma visão integrada da agressão? Julgamos poder responder positivamente a estas questões, apresentando nas secções seguintes algumas reflexões que parecem apontar nesse sentido, propondo sob a forma de "esboço" algumas linhas estruturantes de uma concepção global que permita articular coerentemente as componentes biológicas, fisiológicas, psicológicas, sociais, axiológicas e culturais que podem influenciar a emergência de comportamentos agressivos.

2. O problema da origem da agressão: instinto, aprendizagem ou possibilidade de agir?

Trata-se de uma questão nuclear para a compreensão da agressividade. Na senda de uma concepção integradora, a tentativa de resposta não pode centrar-se, em exclusivo, na perspectiva e nos contributos de uma única ciência, seja a Biologia, a Psicologia ou a Sociologia, sem referência às linhas fundamentais com que cada uma delas tem abordado o problema. Antes de avançar com qualquer ensaio de clarificação com base em contributos específicos de uma delas, julgamos ser útil esboçar, mesmo que seja em traços muito gerais (como tem de ser aqui o caso), um "quadro panorâmico" ou "pano de fundo" das principais posições teóricas que a História das Ciências, da Filosofia e da Cultura registam como influentes.

Iremos, por conseguinte, procurar assinalar, de forma necessariamente breve, as principais concepções que a propósito do problema acima formulado constituem marcos referenciais nos domínios da Filosofia, da Biologia, da Sociologia e da Psicologia.

2.1. *Alguns contributos da reflexão filosófica: da "luta dos opostos" em Heraclito e Hegel à teoria do "bom selvagem" de Rousseau e ao ideal da "paz perpétua" de Kant*

2.1.1. No dealbar da filosofia grega (séc. VI-V a. C.), centrada na identificação racional do "princípio interno" da Natureza que Parménides identificou com o *Ser,* imutável para além da diversidade dos entes, Heraclito diferenciou-se desta posição metafísica pela sua concepção dinâmica, intuindo o movimento como a "realidade" do mundo e o fogo como o "princípio interno" correspondente. Segundo Heraclito, a mudança contínua das coisas e o fluxo permanente das transformações do mundo tinham a sua origem num processo de luta entre elementos opostos: "a guerra é o factor gerador de todas as coisas". À estabilidade e à permanência do Ser da Escola de Elea opõe o filósofo de Éfeso o movimento contínuo, o conflito dos contrários, a guerra que provoca o desaparecimento de seres existentes e a emergência de novas formas de ser. Heraclito é, assim, o primeiro filósofo que intuiu a luta entre elementos opostos como o processo fundamental do desenvolvimento da Natureza. Vinte e cinco séculos depois, nos finais do século XIX, Hegel retomou uma concepção metafísica, dominada pela dialéctica dos contrários, muito similar, nas suas grandes linhas, à dialéctica heraclitiana, de que Hegel se considerava, de resto, admirador e discípulo. E assim como Heraclito se distanciou, no seu tempo, da "tradição" parmenediana, assim também Hegel se afastou das posições de Rousseau e, sobretudo, de Kant relativamente à possibilidade de os homens conseguirem alcançar "a paz perpétua", estádio de organização social concretizador do ideal supremo da Razão, que nela realizaria a aliança entre o princípio do desenvolvimento das *disposições naturais* de cada ser, o princípio da *liberdade* e o imperativo da *lei moral*. Levantando sérias dúvidas à possibilidade de construção da "paz perpétua" defendida por Kant e ao criticá-la por reconduzir a humanidade a estádios primitivos de estagnação, Hegel retoma a ideia heraclitiana de que a guerra comporta virtualidades geradoras de novas formas de vida e de progresso.

2.1.2. Um século antes de Hegel apresentar estas ideias, Rousseau defendera com acolhimento entusiasta a concepção das relações entre a Natureza e a Sociedade que ficou conhecida pela concepção do "Bom Selvagem". Uma vez que a Natureza é intrinsecamente boa, o homem natural não pode ser violento. O mal residiria nas relações entre as pessoas, que introduziriam formas sociais de organização, de regulação da posse e uso do "território" não equitativas e por conseguinte injustas, geradoras de mal-estar e de violência reparadora. O homem que convivesse exclusivamente em "estado natural", isto é sem qualquer modalidade de "contrato social", não conheceria as limitações, os desvirtuamentos e as "depravações" a que a "negociação" dos contratos podem conduzir os homens. A origem da agressão não está, por conseguinte, na Natureza, mas na Cultura, na organização da sociedade. Conforme já referimos acima, Kant tem acerca deste problema, uma posição similar quanto ao essencial, embora algo diferenciada. Com efeito, a origem da agressão, das acções violentas e das guerras não reside num instinto ou numa força natural que impelisse espontaneamente o homem para a execução de comportamentos agressivos. A terminologia que Kant utiliza neste contexto é significativa: para designar as *forças naturais* "subjacentes" aos actos humanos Kant nunca utiliza o conceito de instinto mas o de "disposição natural" reportando-a a uma "potência motivante" cuja natureza se aproximava mais da de um "esquema *a priori* de acção", fonte de possíveis e de potencialidades indeterminadas, do que da natureza do instinto, em que a relação entre a força e o acto está intrinsecamente determinada. O dinamismo das "disposições naturais" conduz ao desenvolvimento das potencialidades individuais e à sua afirmação perante os outros. Este movimento de afirmação e expansão individual encontra-se limitado por movimento similar dos outros. Há neste confronto possibilidade de conflito, fonte eventualmente geradora de tensão e de agressão. Deste modo, o homem se por um lado necessita do convívio dos outros homens, sendo por conseguinte um ser sociável, pode, pelo contrário, considerar o outro como um obstáculo ao processo do desenvolvimento de "disposições naturais" e da sua afirmação pessoal. Estamos perante o que Kant designou por *"sociabilidade insociável"* do homem, contradição em que radica a possibilidade de gestação de comportamentos violentos. Não tendo porém uma origem instintiva, a violência não representa uma fatalidade, podendo ser evitada. Daqui, o fundamento teórico para o projecto de uma "paz perpétua."

2.2. *Do evolucionismo biológico de Darwin ao evolucionismo sociológico de Marx*

2.2.1. Em radical oposição à concepção da bondade da natureza coloca-se o evolucionismo de Darwin. Para tentar compreender o problema das transformações das diversas espécies animais, Darwin desenvolveu, com base em múltiplas observações, a teoria da evolução das espécies a partir de três princípios básicos: o princípio da *origem comum* de todos os seres vivos, o da respectiva *variabilidade aleatória* e o princípio da *selecção natural*. As variantes que emergem "ao acaso" do potencial de mudança intrínseco a cada ser vivo e a cada espécie têm de adaptar-se às variações constantes do meio, o que exige um grau adequado de combatividade para vencer nesse processo de *luta pela vida*. Os que conseguem adaptar-se, crescem, tornam-se adultos, reproduzem-se e asseguram, assim, a sobrevivência. As variantes que não conseguem adaptar-se não chegam a procriar e não sobrevivem. A natureza não oferece condições de acolhimento para todas as variantes; cada uma delas precisa de ultrapassar obstáculos, tem de se ajustar, de remover barreiras e de se acomodar. É, por conseguinte, a Natureza que se encarrega, deste modo, de proceder à selecção das variantes aleatórias das formas de vida. Neste contexto de luta pela vida, a *selecção natural* é impiedosa para com os fracos.

A doutrina evolucionista suscitou, como é sobejamente conhecido, uma polémica de grande impacte nos meios científicos e culturais do século passado, uma espécie de "abalo cognitivo e emocional", por questionar radicalmente a concepção "criacionista" da origem do Homem e a auto-imagem ou "representação social" dominante que o Homem tem de si mesmo. Por isto, Freud considerou a "revolução" darwinista como a "segunda ferida narcíssica da Humanidade" precedida pela "revolução copernicana" que retirou à Terra dos homens o estatuto de "centro" do Universo, e imediatamente seguida pela "terceira ferida" provocada pela "descoberta freudiana" de forças inconscientes "no interior" do próprio Homem, susceptíveis de influenciar as suas acções sem o controlo regulador do "Eu", racional e livre. O certo é que, de forma explícita ou implícita, o darwinismo exerceu uma influência marcante no movimento de ideias dos finais do século XIX em diversos domínios, desde a reflexão filosófica, sociológica e psicológica, à acção política. Neste último campo, houve organizações políticas, e designadamente partidos, que nele se inspiraram, quer quanto às linhas doutrinárias quer quanto à própria designação. Para a questão que aqui nos ocupa, importa salientar que o contributo ou ideia-chave do darwinismo residiu no conceito de "luta pela vida" como factor determinante da adaptação dos seres vivos às exigências do meio e, por conseguinte, como factor de sobrevivência e de continuidade evolutiva. Tanto a Sociologia como a Filosofia Política de Marx denotam influência do darwinismo ao defenderem que a História ou evolução da humanidade se explica por leis naturais, e não por influência de factores ideais, espirituais ou éticos. A "luta de classes" é uma dessas *leis naturais* susceptíveis de explicar a revolução e o progresso. Neste contexto da Sociologia e da Ciência Política, a violência é, assim, erigida ao estatuto de motor fundamental da História.

2.3. Concepções psicológicas acerca da origem da violência

2.3.1. As posições "inatistas" sobre a agressão: a teoria dos instintos e a Psicanálise

No âmbito das concepções psicológicas temos de assinalar as posições que, quanto ao problema da origem e da natureza da agressão, foram tomadas no decurso dos três principais períodos da construção da Psicologia como Ciência (Abreu, 1990).

Assim, importa referir que a Psicologia elementarista associacionista do século XIX, a "Psicologia científica da vida mental", não formulou sequer o problema por "limitação" intrínseca ao próprio campo de estudo: o problema da origem da agressão não podia colocar-se no âmbito da análise dos estados e conteúdos da consciência. Por isso, as posições sobre a origem e natureza da agressão surgiram por influência das concepções naturalistas sobre os instintos, de que se fizeram eco James e McDougall, por um lado, e Freud, por outro. Para os dois primeiros autores o instinto é, então, concebido não apenas como uma força inata mas como uma sequência de actos geneticamente programada e cuja execução é desencadeado de forma automática predominantemente por factores internos, designadamente, por aumentos de energia interna para além de determinados níveis. No despoletar dos instintos, os factores externos teriam um papel adjuvante mas não determinante. Os processos de aprendizagem não exerceriam qualquer influência na natureza e no desencadeamento do instinto. Nesta medida, considerada como tendo a sua origem num instinto, a agressão seria inevitável. O fatalismo ou o pessimismo de base biológica é o correlato óbvio desta posição.

O modo como as concepções de Freud se repercutiram na equacionação do problema requer um olhar um pouco mais demorado. Com efeito, é possível considerar na Psicanálise vários contributos distintos para a visão das questões ligadas à origem e natureza da agressão (Alferes, 1982). Aqui, iremos seleccionar apenas dois contributos que consideramos básicos na construção conceptual de Freud.

O primeiro contributo diz respeito à *teoria da estrutura do "aparelho psíquico"* e ao mecanismo energético do seu funcionamento, enquanto que o segundo decorre da *indeterminação "objectal" das pulsões*.

O *"aparelho psíquico"*, expressão técnica que Freud utiliza para designar a nossa estrutura mental ou a organização da nossa vida psíquica, é composto por três partes com funções algo diferenciadas: uma parte inicial de entrada e de recepção das (estimulações (externas e internas), uma parte intermediária de organização e de memorização, e uma parte terminal de execução das acções. O "aparelho psíquico" está concebido como um aparelho reflexo e o seu funcionamento é regulado pelo "princípio da constância" ou da homogeneidade da carga energética que o sistema comporta e que se situa num nível mínimo de intensidade. Qualquer estimulação externa ou interna provoca no "aparelho psíquico" um aumento de tensão energética, introduzindo uma perturbação no seu funcionamento normal que se traduz em afectos de desprazer e de ódio em relação à fonte de estimulação. É por conseguinte o desprazer a primeira reacção do "aparelho psíquico" relativamente aos estímulos que o afectam. O "princípio do desprazer" é, por isso, anterior ao "princípio do prazer", assim como o *ódio* surge antes do *amor*. Perante as estimulações externas, os primeiros movimentos do "aparelho psíquico" são os de afastamento, de evitamento ou de aniquilação. Mas perante as estimulações internas, provenientes das pulsões, estes movimentos não se revelam eficazes. Se podemos fugir dos estímulos exteriores, não nos é possível evitar sequer os estímulos internos. Como é que vai então proceder o "aparelho psíquico" para restabelecer o nível energético anterior à estimulação? O mecanismo da "descarga" do acréscimo da tensão energética produzido pela acção do estímulo passa pela aproximação a um objecto externo no qual seja "investida" a energia pulsional que está a mais no interior do "aparelho". Uma vez consumada a descarga, ocorre o "ganho" do "investimento" que é o sentimento do prazer. O amor aos "objectos" constitui um movimento secundário e não um movimento originário; ocorre como uma necessidade de "descarga" da energia libidinal que não pode ser afastada ou liquidada no interior do "aparelho psíquico".

Mas importa de imediato sublinhar que a energia das pulsões pode investir-se numa multiplicidade enormíssima de objectos. A *indeterminação objectal das pulsões* é uma das suas características principais tornando-as distintas dos instintos cujas actividades são intrinsecamente "pré-formadas". Deste modo, se é certo que, para Freud o ódio é anterior ao amor, importa não esquecer a multiplicidade de formas comportamentais pelas quais aquele sentimento negativo pode encontrar saída, sem ser pela agressão. A "perversidade polimorfa" da criança pode, assim, ser encaminhada para outras formas de concretização diferentes dos comportamentos agressivos. Cabe à educação e à cultura fazer com que haja uma regulação das pulsões, uma sublimação, a passagem de um estado selvático, violento, a um estado aceitável de expressão das pulsões libidinais. Sem o concurso da educação, a Humanidade permaneceria ainda num estado primitivo de barbárie. O homem é, por isso, naturalmente perverso e só a cultura o pode tornar "sublime".

Esta posição de um pessimismo inicial, que pode evoluir para um optimismo mediante os esforços da educação e da cultura, é diferente do pessimismo definitivo que decorre da tese da existência de uma "pulsão de morte" autónoma relativamente à "pulsão de vida"[2].

2.3.2. *A posição das concepções behavioristas sobre a agressão*

Ao contrário das concepções assinaladas na rubrica anterior que valorizam a componente biológica da agressão e que tendem a considerar o homem naturalmente violento, o behaviorismo, que procurou

---

[2] Para a elucidação de outros contributos das concepções de Freud para o problema que aqui nos ocupa e que decorrem de uma linha de pensamento mais "histórico-construtivista" do desenvolvimento da personalidade e, por conseguinte, menos "biologizante" do que aquela em que se baseia a teoria do "aparelho psíquico", cf. Alferes (l982).

instaurar um novo modo de pensar e de investigar em Psicologia, contestou de raiz o inatismo das concepções anteriores e defendeu a explicação do comportamento dos animais e dos homens a partir da influência dos estímulos externos. Segundo o behaviorismo, todas as actividades dos seres vivos derivam não de factores inatos, hereditários, de base instintiva ou outra, mas de factores externos. À nascença, os seres humanos não têm quaisquer mecanismos de actividade hereditariamente montados. É como se cada um deles fosse uma "folha em branco" que só pela experiência se preenchesse ou uma "massa de barro sem forma" que fosse moldada pelas contingências das condições ambientais. Daqui decorre a tese de Watson, o fundador "oficial" do behaviorismo, da possibilidade de "construção" de personalidades diferentes a partir da elasticidade originária dos seres humanos e com base em condições diferentes de aprendizagem. Nesta perspectiva, tanto é possível fazer com que uma pessoa se transforme num criminoso como também podemos organizar as condições e circunstâncias externas de modo a fazer dela um santo. O comportamento dos homens é condicionado pelas contingências do mundo externo; é um produto das condições do meio.

No contexto geral do behaviorismo, a agressão é por conseguinte considerada não uma fatalidade mas uma possibilidade de agir sempre que as condições estivessem próximas de outras em que respostas agressivas foram aprendidas. A prevenção dos comportamentos agressivos fundar-se-ia na organização das condições de aprendizagem que evitasse, inibisse ou extinguisse a emissão de respostas violentas.

Embora estas teses fundamentais sejam defendidas pela generalidade das concepções-variantes que se desenvolveram no contexto teórico e metodológico do behaviorismo, algumas concepções "neo--behavioristas" especificaram as condições em que os comportamentos agressivos eram mais facilmente aprendidos. Na continuidade do reconhecimento das variáveis intermediárias do "organismo", que Hull introduziu no corpo conceptual do behaviorismo, tornou-se possível a aproximação a algumas posições psicanalíticas. É assim que

Dollard e Miller, trabalhando no domínio da psicopatologia e da psicoterapia, desenvolveram a tese da relação entre frustração e agressividade. Os organismos tenderiam a responder de forma violenta sempre que as condições do meio impedissem ou bloqueassem a realização das suas necessidades fundamentais. Embora tivesse conhecido uma larguíssima aceitação, a generalização da relação causal frustração – agressividade não recolheu unanimidade tendo-lhe sido reconhecidos alguns limites. Para Saul Rozensweig, mais próximo da psicanálise, há que ter em conta diferentes tipos de situações "frustrantes", diferentes tipos de respostas agressivas e diferentes níveis de "tolerância à frustração" dependentes da personalidade individual.

O papel das condições do meio é objecto de especificação empírica e até mesmo experimental nas investigações de Bandura (1973), cujos resultados puseram em relevo a influência sobre a emergência de respostas agressivas decorrente da observação televisiva de comportamentos da mesma natureza. A interpretação teórica dos resultados apoia-se na elasticidade do comportamento por intermédio de diferentes processos de aprendizagem. A aprendizagem dos comportamentos violentos por observação, modelação ou imitação de "modelos" é posta em relevo por Bandura na sequência das experiências que efectuou com grupos de crianças expostas a filmes violentos. Por seu turno, Berkowitz (1962), sem pôr em causa a relação positiva existente entre a exposição a filmes violentos, no cinema ou na televisão, e a ocorrência de comportamentos agressivos, mostrou por um conjunto de investigações laboratoriais que a imitação não é directa nem "cega", envolvendo processos cognitivos e emocionais responsáveis pela discriminação ou pela identificação entre o sujeito, a vítima e o agressor. Continuando a defender a tese da prevalência das condições ambientais e da aprendizagem sobre os factores inatos na determinação da agressão, as concepções behavioristas e neobehavioristas foram progressivamente reconhecendo a complexidade de factores que influenciam a eclosão de uma resposta violenta, designadamente os factores de natureza cognitiva. Seja como for, importa sublinhar que, no essencial, frequentemente abafadas pela profusão de estudos empíricos e pela disparidade de resultados obtidos, as concepções behavioristas e neo-behavioristas defendem e sustentam uma posição optimista relativamente à possibilidade de organizar as condições do meio de forma a diminuir a ocorrência de comportamentos agressivos.

2.3.3. *As novas categorias gnoseológicas do "terceiro momento da construção da psicologia como ciência": a rede de interacções do sujeito de acção com as situações de vida*

Tanto as concepções inatistas, centradas na influência dominante dos instintos e das pulsões biológicas, como as concepções behavioristas, que privilegiaram os processos de aprendizagem regulados pelas contingências do meio externo, negligenciaram a *actividade do sujeito* quer na avaliação perceptiva das situações de vida quer na orientação selectiva dos modos de agir. As limitações e dificuldades explicativas sentidas por umas e por outras perante a complexidade do comportamento humano indicavam a necessidade de um "novo modo de pensar" em Psicologia, que os gestaltistas inauguraram, sob a influência de Brentano e de Husserl. De Brentano acolheram a ideia-chave de que a Psicologia devia constituir-se como *ciência do acto,* concebido como uma unidade estruturada e funcionalmente aberta ao mundo, e não como a resultante de agregação de elementos, fossem de natureza mental, como as sensações, fossem de natureza motora, como os reflexos. De Husserl, muito próximo, de resto, de Brentano, herdaram o conceito de *intencionalidade* como relação activa da consciência ao mundo. Toda a acção psíquica é intencional, significando isso que o sujeito-agente da acção mantém com a situação em que ela ocorre uma relação de apreensão e de organização de sentido que guia e regula a decisão de agir. O comportamento surge assim como uma função da interacção do sujeito com as suas circunstâncias de vida. Uma fórmula feliz e que sintetiza a concepção fundamental deste novo modo estrutural de analisar a realidade é a que Ortega y Gasset utilizou ao tentar esclarecer a natureza interactiva da personalidade humana: *"Eu sou Eu e as minhas circunstâncias"*. Importa sublinhar que o sujeito da acção não é compreendido nem como função das características "internas" do Eu (como, por exemplo, as aptidões, os "traços estáveis de personalidade", os interesses e atitudes) nem como função ou produto das condições externas ou das circunstâncias de vida. A personalidade humana não se compreende a partir de cada uma das componentes referidas, porque a sua especificidade está na rede de interacções que se estabelece entre cada uma delas: as componentes de natureza biológica e interna, por um lado, e as componentes de natureza situacional ou circunstancial, por outro.

A "teoria do campo psicológico" de Kurt Lewin e a teoria relacional da motivação e da personalidade de Joseph Nuttin constituem as concepções mais ilustrativas deste novo modo relacional de descrever, analisar e compreender o comportamento humano.

O campo psicológico integra o próprio sujeito de acção e as situações de vida em que ele se encontra, na multiplicidade das suas características físicas, sociais e culturais, tal como são por ele percepcionadas e valorizadas. Reflectindo o dinamismo das necessidades, das aspirações e da tensão das tarefas a realizar (*"quase-necessidades"*), o campo psicológico encontra-se dinamicamente estruturado por territórios ou regiões carregadas de valências positivas ou negativas e separadas do sujeito e entre si por "barreiras" de maior ou menor dificuldade de passagem ou de superação. Toda a actividade do sujeito visa alcançar um objectivo com valência positiva, colocado numa região distante do sujeito, exigindo dele um esforço para as tarefas do percurso e que envolvem decisões, resolução de conflitos entre alternativas e execução das estratégias mais adequadas para a concretização da meta desejada. Certas condições dinâmicas do campo podem provocar comportamentos agressivos, designadamente as que restringem o "espaço de vida" ou o "território de acção" do sujeito por intermédio da existência de barreiras intransponíveis, limitadoras do desenvolvimento do sujeito de acção.

Os resultados das experiências realizadas por Barker, Dembo e Lewin (1941) mostraram a validade desta concepção teórica acerca da relação entre a existência de barreiras de difícil transposição e a emergência de comportamentos violentos que podiam conduzir à *destruição* das próprias barreiras e à desestruturação do campo. Noutras experiências, realizadas com grupos de crianças, Lewin pôde demonstrar que o aparecimento de obstáculos ou de barreiras entre o sujeito e as regiões do campo para onde a sua acção se encontrava polarizada tinha por efeito a *regressão* a formas primitivas de comportamento características de fases anteriores de desenvolvimento. Tanto a regressão como a agressão constituem "respostas" a situações de impedimento percepcionado como "asfixiante" para o desenvolvimento das relações do sujeito com a totalidade do seu espaço de vida.

Que a génese da agressão tem uma ligação directa com a rede de interacções do sujeito com situações de vida que restringem o "território" ou o "espaço de desenvolvimento" das potencialidades de ser do sujeito é hipótese explicativa igualmente partilhada pela teoria relacional da motivação e da personalidade de Nuttin, que analisaremos seguidamente.

3. Posição da teoria relacional da motivação perante o problema da agressão

No contexto da teoria relacional, a personalidade é uma estrutura interactiva do sujeito de acção e das situações de vida; sistema unitário de relações sujeito-mundo, em que nenhum dos pólos tem existência autónoma. A relação do eu com o mundo é indispensável à sua constituição e ao desenvolvimento das suas potencialidades. Não há desenvolvimento no isolamento: a simples passagem do tempo ou o processo de maturação são insuficientes para a emergência das potencialidades da "herança genética" individual. Para que o desenvolvimento dessas potencialidades ocorra torna-se indispensável a concretização de certas modalidades de relação do indivíduo com o meio envolvente. As necessidades ou os motivos de acção são concebidos como "esquemas" ou "esboços" de relações requeridas, necessárias ou indispensáveis ao funcionamento e ao desenvolvimento da personalidade. Deste modo, e ao contrário do que defende a teoria psicanalítica do "aparelho psíquico", é a aproximação do organismo ao mundo que constitui movimento primário e não o afastamento ou o evitamento. O ódio do organismo aos objectos externos não é aqui o afecto originário. E também ao contrário do que defendem a teoria freudiana e a teoria hulliana da redução da tensão, o amor é considerado não como "resultante de uma necessidade aprendida" e, por conseguinte, secundária, mas como a resultante de uma necessidade primária de relação de proximidade corporal, que é de natureza intrínseca e independente de factores de satisfação da necessidade de alimentação ou outras necessidades consideradas primárias pelas referidas concepções, tal como mostraram as observações clínicas de Spitz e de Bowlby e os resultados experiências de Harlow, que descrevemos no primeiro Capítulo.

Na medida em que constituem esquemas de relações "organismo-mundo" requeridos para o desenvolvimento das potencialidades de ser da personalidade, todas as necessidades são consideradas primárias. Segundo Nuttin, são quatro as "categorias" ou "famílias" de motivos ou de necessidades fundamentais que subjazem ao comportamento humano: as *necessidades biológicas* (ligadas às transacções metabólicas do organismo com o meio físico envolvente e que são as únicas consideradas habitualmente como primárias), as *necessidades cognitivas* (ligadas aos processos de apreensão e de organização de informações das mudanças contínuas que ocorrem à nossa volta e que regulam as decisões tidas como mais adequadas), as *necessidades sociais* (ligadas ao estabelecimento de relações interpessoais e à organização da vida em grupo) e, por fim, as *necessidades axiológicas* (ligadas à elaboração de ideais e do sentido da vida por intermédio da compreensão global da realidade e pela realização de valores da Beleza, da Verdade e da Justiça).

O facto de todos os motivos terem origem inata no sentido de estarem inscritos na estrutura biológica da espécie humana não significa que a sua concretização comportamental seja ela própria inata. O que é inato na motivação é apenas a origem do motivo ou da necessidade. Enquanto "esquema" ou "esboço" de relação requerido, o motivo não tem ainda substância ou suporte comportamental, que lhe vai ser dada através da experiência ou das aprendizagens. A partir da sua origem biológica e da sua natureza "esquemática", as necessidades percorrem uma trajectória comportamental tecida de uma rede complexa de relações com outras necessidades e com outros factores e processos de relação com as circunstâncias de vida, designadamente com os processos cognitivos e de interacção social. Para a compreensão da trajectória comportamental das necessidades, importa referir que além da origem, os motivos caracterizam-se por possuírem uma *força* ou capacidade para colocar os organismos em movimento numa determinada direcção, objectivo ou meta, que se consubstancia na concretização da relação requerida. Esta arquitectura comportamental das necessidades que se situa entre o sujeito motivado e a meta a alcançar não é, obviamente, programada, sendo, por conseguinte tributária dos processos de "convivência" do sujeito com as suas condições de vida, entre os quais os processos de aprendizagem ocupam um lugar de relevo. As modalidades de comportamentos mediadores entre o sujeito motivado e a meta a atingir não são prefixadas ou programadas de forma inata. As relações dos motivos com as modalidades da sua concretização comportamental são, por conseguinte, indeterminadas, permitindo uma grande flexibilidade. A indeterminação comportamental dos motivos implica a multiplicidade de formas concretas da sua realização, sob a influência de diferentes configurações culturais. Não deve porém confundir-se esta multiplicidade com diversidade correspondente de motivos nem com diferenciação de estruturas motivacionais de cultura para cultura. A este respeito, importa sublinhar que *todos os homens, pelo facto de o serem, têm a mesma estrutura de necessidades*, embora as modalidades da sua concretização possam variar consoante o contexto cultural. Perante a multiplicidade de formas concretas de realização accional dos motivos, é a identidade funcional de muitas dessas formas que constitui o critério da sua redução e integração numa das quatro categorias fundamentais anteriormente consideradas.

Nesta medida, no contexto da teoria relacional da motivação e da personalidade, a agressão não aparece como uma necessidade fundamental mas, sim, como uma *possibilidade de agir* perante determinadas situações específicas do percurso de desenvolvimento dos motivos ou, mais apropriadamente, da trajectória de desenvolvimento da personalidade. Sendo a agressão uma possibilidade de agir e não um instinto ou uma necessidade, não pode ser vista como uma fatalidade, nem o Homem considerado como naturalmente violento. Mesmo como forma de agir, suscitada, modelada ou condicionada por circunstâncias especiais do meio, importa reconhecer que as modalidades comportamentais de agressão podem apresentar mudanças significativas de forma, considerando o seu "estatuto" de processo intermediário entre a sujeito de acção e a finalidade que ele pretende alcançar.

Na linha das experiências da "escola" de Lewin e no contexto da Teoria Relacional de Nuttin, considera-se que as condições situacionais mais favoráveis à emergência de comportamentos violentos são as que reduzem o espaço de vida e de desenvolvimento do sujeito de acção, limitando a sua capacidade de movimentos a um mínimo quase intolerável de tal forma que a agressão é percepcionada como a "única saída". A existência ou a percepção de barreiras à concretização de necessidades fundamentais, impedindo ou bloqueando o desenvolvimento da personalidade, constituem circunstâncias propícias à eclosão de comportamentos de *regressão* a formas anteriores de desenvolvimento ou de *agressão* de maior ou menor violência e destrutividade. Indique-se, de passagem e adiando para ulterior oportunidade as explicitações convenientes, que a regressão, enquanto movimento de retorno a estádios menos evoluídos de desenvolvimento pessoal e interpessoal, comporta uma orientação voltada predominantemente para o sujeito, caracterizando operacionalmente o que poderemos designar, recorrendo às figuras das narrativas míticas, de *agressividade narcísica,* de que a melancolia, a depressão e o suicídio constituem modalidades típicas, a que se juntam as violências de auto-exclusão, de evasão ou de fuga, e de autodegradação, escolhidas por quantos se sentem "desvinculados" sem laços de filiação, de identificação e de comunicação ou partilha afectiva. A delinquência, a marginalidade e certos comportamentos "desviantes", frequentemente associados à toxico-dependência, assumem uma dimensão de violência que se dirigem predominantemente para os sujeitos, embora tenham também como alvo a comunidade familiar, a escolar ou a "sociedade" em geral.

Por seu turno, a agressão é predominantemente orientada para o exterior e dinamicamente sustentada quer pela *defesa* do "espaço mínimo de existência" ou do "espaço-corpo", quer pelo *afrontamento* e *conquista* de um espaço próprio de desenvolvimento, percepcionado como ocupado ou usurpado por um "Outro" que importa afastar ou eliminar. Recorrendo, tal como anteriormente, a figuras dos Mitos clássicos, poderemos designar como *agressividade edipiana* esta modalidade de violência decorrente de circunstâncias frustrantes em que não é vista outra saída para a delimitação de um "território" ou de um "espaço" de desenvolvimento pessoal que não implique a morte de alguém percepcionado como obstáculo intransponível. A culpa, o castigo e a eventual reparação acompanham o crime como referentes de transcendência e de desenvolvimento das relações interpessoais e dos valores da cultura, susceptíveis de evitar o encerramento no "círculo vicioso" da agressão que a "pena de morte" comporta.

Além das circunstâncias de bloqueio ao desenvolvimento da estrutura "sujeito-mundo" consideradas propícias à eclosão de comportamentos agressivos, importa referir uma outra condição directamente ligada à indeterminação comportamental das necessidades e, de forma mais específica, ao modo do seu funcionamento.

Com efeito, os resultados de observações empíricas e de investigações laboratoriais revelaram que uma das modalidades pelas quais os motivos influenciam o comportamento consiste no processo da *persistência da tensão* ou do dinamismo que sustenta as actividades do sujeito até à obtenção do objectivo a alcançar. Quer pela sua amplitude

Cinco Ensaios sobre Motivação

quer pela sua originalidade, este processo de funcionamento dos motivos marca a diferença relativamente aos processos de redução da tensão e de homeostasia propostos como únicos pela psicanálise e pelas concepções behavioristas e neobehavioristas. O carácter persistente do dinamismo das necessidades humanas, coextensivo ao desenvolvimento das potencialidades de ser, activa o homem de projecto em projecto, pondo em relevo a *insaciabilidade da motivação humana*. O estado de prazer e de satisfação que acompanha a concretização comportamental de uma actividade ou de um projecto é sempre um estado transitório. De facto, concluído o projecto ou realizada a tarefa, volta o Homem a formular novos objectivos e a enfrentar novos desafios, duríssima realidade que o Mito de Sísifo, outra figura paradigmática das vicissitudes da existência humana, nos revela em toda a sua dimensão dramática. A persistência contínua das tarefas e dos projectos, que traduz a insaciabilidade dos desejos e das aspirações do homem remete-nos para um horizonte de *omni-apetência* e de *omni-potência* que só o Paraíso ou domínio do Absoluto poderiam satisfazer. Santo Agostinho intuiu esta realidade do dinamismo da existência ao referir que o coração do Homem só em Deus poderia encontrar repouso. A dificuldade em aceitar a realidade da transitoriedade e da relatividade das "satisfações" e das "frustrações terrenas" e as tentativas de transformar a Terra em Paraíso têm originado situações de luta e de violência que tornam a vida um inferno (Popper e Marcuse). Mas esta insatisfação persistente, perceptível mesmo em situações sociais de abundância, constitui condição eventualmente favorável à emergência de actos violentos de reivindicação e de revolta, especialmente se as circunstâncias de vida de algumas comunidades forem percepcionadas como desproporcionadas e injustas. Poderão tais comportamentos ter a *inveja* como sentimento desencadeador, mas a comparação e a percepção de disparidades muito acentuadas entre condições de vida de comunidades humanas poderá conduzir ou a explosões de violência desmedida ou a movimentos de solidariedade e de desenvolvimento partilhado. A indeterminação comportamental dos motivos abre aos homens a possibilidade e responsabilidade ética da escolha.

O desafio cultural do nosso tempo reside na assunção desta responsabilidade.

4. Será possível prevenir e diminuir os comportamentos agressivos?

Mesmo os principais representantes das concepções inatistas dos comportamentos agressivos, como é o caso de Freud e de Lorenz, consideram ser possível ter alguma capacidade de controlo e de inibição sobre o "instinto", "pulsão" ou "força" espontânea específica donde aqueles comportamentos retiram a sua energia. Freud considera que a educação desempenha um papel decisivo no desenvolvimento dessa capacidade. De facto, o seu declarado pessimismo funda-se menos na inevitabilidade do destino da pulsão do que no eterno recomeço da acção educativa em cada geração. O esforço educativo, que cada geração tem renovadamente de empreender, exige o conhecimento e a acção mais adequados às condições da realidade, quer da realidade pessoal quer da realidade social em que o sujeito se encontra inserido. Além disso, Freud conjecturou o processo de "sublimação" da força pulsional que permite a "descarga" da sua energia por deslocação e investimento em alvos substitutos. Pode dizer-se, em suma, que o homem tem, sem dúvida, a violência como possibilidade sempre no horizonte e que, por isso, deve aprender a conhecer e a controlar as condições em que ela pode emergir. Não está, porém, condenado a realizá-la, a sofrê-la ou a conviver com ela. Pode imitá-la, desviá-la ou, mesmo, impedir a sua ocorrência.

Por seu turno, Lorenz reconhece, de forma ainda mais nítida do que Freud, existirem razões para "professar uma posição de optimismo". Apesar de continuar a defender que a agressão tmr a sua origem na força espontânea do instinto, é possível evitar que os homens se envolvam em lutas fraticidas susceptíveis de conduzirem à sua destruição. Lorenz, embora consciente do risco de "cair" no que poderia ser interpretado como um conjunto de banalidades, avança quatro recomendações principais que constituem outras tantas razões que justificam o seu optimismo. A primeira segue o princípio socrático de "nos conhecermos a nós mesmos" que, em Lorenz, significa conhecermos os mecanismos fisiológicos que subjazem aos comportamentos dos animais e dos homens e, designadamente, os que permitem desviarem-se do alvo, sempre que envolvam agressão sobre "companheiros" da mesma espécie. O conhecimento desta possibilidade tornará mais fácil a utilização dos meios da sua concretização. A segunda razão para o optimismo diz respeito à possibilidade da "catarsis", entendida por Lorenz como a canalização da energia instintiva em actividades susceptíveis de permitirem a descarga energética ou a distensão das forças e das emoções reprimidas, como são, por exemplo, as actividades desportivas ou a realização de grandes cerimoniais festivos e exibições ritualizadas [3].

A terceira recomendação de Lorenz reporta-se às vantagens que decorrem do estabelecimento de relações de simples conhecimento e de amizade entre cidadãos de diferentes países, na medida em que se torna mais difícil aderir a propostas de guerra contra países de que são originárias pessoas com quem mantemos laços de amizade ou com quem partilhamos aspirações e ideais comuns. A última recomendação de Lorenz centra-se sobre a possibilidade e a responsabilidade de, por intermédio da difusão de uma educação centrada na metodologia científica e nos valores humanistas, ajudar as gerações mais jovens a canalizar o seu "entusiasmo militante" para "ideais culturais e éticos com os quais cada indivíduo possa identificar-se"

---

[3] A concepção lorenziana de "catarsis" tem sido criticada por se restringir às componentes motoras e fisiológicas, negligenciando as componentes de elaboração simbólica das situações. Com efeito, a "catarsis" que decorria, segundo Aristóteles, da assistência às representações das tragédias de Ésquilo, de Sófocles ou de Eurípedes, não se limitava a uma descarga purificadora das emoções suscitadas pela "identificação" com as personagens e com as situações, representadas nas grandes tragédias. Ela integrava componentes de reflexão sobre mensagens transmitidas, de forma explícita ou implícita, pelo autor por intermédio dos principais personagens ou, frequentemente, através do Coro.

(Lorenz, 1969, p. 307). É na sequência desta recomendação que Lorenz faz o elogio do humor e do riso, enquanto formas evolutivas de revelar a verdade sobre a "situação" precária e relativa do homem, desmistificando a vaidade e o orgulho que comporta a sua desmedida vontade de Poder. Reconhecendo que "o humor e o conhecimento constituem as duas grandes esperanças da civilização", Lorenz acrescenta uma terceira, embora mais afastada, e que consistiria na possibilidade de os factores culturais (da arte, da ciência e da compaixão solidária representada pela medicina) exercerem "uma pressão selectiva na direcção desejável ... de reduzir a pulsão agressiva a um grau tolerável" (Lorenz, 1969, p. 313).

Se a agressão não é considerada como uma fatalidade mesmo pelos defensores de concepções inatistas acerca da sua origem, conforme acabámos de referir, maior fundamento para defenderem posição similar assiste às concepções que atribuem a origem dos comportamentos agressivos não a "forças instintivas" ou "naturais" mas a "factores de interacção das pessoas com as suas condições de vida" e que, podendo modificar-se, tornam a agressão uma possibilidade de agir e não uma inevitabilidade de ser. Não sendo o homem por natureza agressivo, conforme propõem as teorias behavioristas e as teorias fenomenológicas, dinâmicas e topológicas, do comportamento, justifica-se afirmar ser possível diminuir e prevenir as condições que favorecem a eclosão da violência fratricida. Não estamos, por isso, condenados a conviver e a lidar com a violência. A possibilidade de prevenir e de diminuir as condições favoráveis à emergência de comportamentos agressivos passa pela vontade e capacidade de organização de condições favoráveis ao desenvolvimento das potencialidades das pessoas, das instituições e das comunidades. Promover o desenvolvimento integrado do homem que comporta o desenvolvimento económico articulado ao aperfeiçoamento das condições de educação e ao reconhecimento e valorização da identidade cultural e do sistema de valores dos diferentes povos da Terra, constitui uma tarefa de construção da Paz, fundada no respeito pela dignidade e pelo valor intrínseco de cada existência humana. Na Encíclica *Populorum Progressio,* lançada em Março de 1967, Paulo VI apresenta uma *visão global do desenvolvimento* e um "apelo a uma acção concertada para o *desenvolvimento integral do homem e para o desenvolvimento solidário da humanidade*". Quase na parte final desta segunda parte da Encíclica denunciam-se claramente "as disparidades económicas, sociais e culturais demasiado grandes entre os povos" como os principais factores que "colocam a paz em perigo". Consignando que "o desenvolvimento é o novo nome da paz", Paulo VI explicita que *"combater a miséria e lutar contra a injustiça é promover, com o bem-estar, o progresso humano e espiritual de todos, e portanto o bem comum da humanidade. A paz não se reduz a uma ausência de guerra, fruto do equilíbrio sempre precário de forças. Ela constrói-se dia após dia, na prossecução de uma ordem querida por Deus, que comporta uma justiça mais perfeita entre os homens"*. As propostas apresentadas nesta "Magna Carta do Desenvolvimento para a Paz" vão no mesmo sentido das propostas de organização internacional que Kant defendeu para o estabelecimento de uma "Paz Perpétua". Todos os esforços neste sentido têm uma legitimidade que não se apoia apenas em pressupostos filosóficos ou religiosos. Vimos anteriormente que os dados de estudos científicos não lhe retiravam fundamento. Se a agressão não é uma fatalidade, a guerra é evitável e a paz pode ser construída.

    O processo laborioso de construção da paz exige a reflexão crítica sobre as condições de vida das pessoas e dos diferentes povos do globo, reflexão a partir da qual se identifiquem as reformas económicas e sociais a empreender e as mudanças de ordem cultural a promover. Na actualidade, a participação das pessoas nas tarefas de desenvolvimento parece constituir uma aspiração crescente a que importa corresponder por modalidades de consciencialização e de envolvimento das pessoas nos objectivos das instituições em que trabalham ou para as quais colaboram de forma directa ou indirecta. A desejada renovação e aprofundamento dos regimes democráticos ou a reconciliação dos cidadãos com a política exige a "invenção" de novas modalidades de participação das pessoas que ultrapasse o plano formal do direito e do dever de votar.

A construção da paz, no sentido forte – que Kant lhe deu – da organização de uma *Federação internacional de Estados* com capacidades para se responsabilizar pelo desenvolvimento solidário da humanidade, constitui um ideal mobilizador de vontades e de energias que poderá unir num projecto comum um número crescente de cidadãos, de responsáveis políticos de repercussão mundial e de instituições internacionais, como é o caso, designadamente, da Organização das Nações Unidas. O envolvimento motivacional das pessoas e das instituições na concretização deste projecto exige a promoção de mudanças acentuadas nas modalidades concretas de vivência dos valores actualmente dominantes na maioria das sociedades economicamente desenvolvidas. O valor do *ter* é, hoje, vivido como uma finalidade em si, sem qualquer *relação mediadora* ou *instrumental* ao desenvolvimento do *ser*. Tendo-se rompido a hierarquia do *ter para ser,* o primeiro passou a constituir uma meta autónoma, com o risco inerente de alienação do segundo, risco que assume manifestações diversas, desde o "vazio da existência" ou "ausência de sentido da vida" à "melancolia" pessoal e institucional "das democracias ocidentais" à tonalidade depressiva da vida individual e social ou ao mal-estar difuso paradoxalmente generalizado numa "sociedade de abundância" que ignora ou finge ignorar as "sociedades de carência" que vivem "ao lado".

Os padrões de sucesso e de competitividade das sociedades ditas desenvolvidas são limitadores do desenvolvimento integrado na medida em que negligenciam as diferenças de outras competências e de outras potencialidades de ser. Sem este reconhecimento, a padronização dos critérios de sucesso, homogeneizada pelos valores do ter (erigidos em meta de vida sem referência mediadora ao desenvolvimento das potencialidades de ser), incentiva a uniformização, desvaloriza as diferenças e gera, como "sub-produtos", numerosos grupos de excluídos e de marginalizados, cujas potencialidades não são reconhecidas nem aproveitadas pelo sistema, e que por isso procuram outras vias de evasão, de fuga, de contestação ou de luta.

Cinco Ensaios sobre Motivação

A resolução da crise moral e da crise dos valores da sociedade actual passa por diversos planos, sistemas e sub-sistemas, mas tem nos sistemas educativos um espaço privilegiado de utilização com vista à introdução de medidas susceptíveis de contrariar a tendência restritiva a um desenvolvimento integrado, tanto no plano pessoal como no plano das organizações. Nas sociedades actuais pertence às instituições educativas, de forma crescente devido ao prolongamento da escolaridade obrigatória, em conjugação com outros protagonistas do sistema, a tarefa de promoverem a diversificação de formações e de metodologias de ensino de forma a assegurarem o desenvolvimento das potencialidades de todos e de cada um dos jovens que frequentam as escolas. A reforma dos sistemas educativos tem de se orientar para fazer deles espaços de valorização e de desenvolvimento pessoal e social e não espaços de exclusão e de segregação. O reconhecimento de diferenças há-de conduzir à diversificação de orientações e de formações, mas nunca à marginalização e desvalorização dos que não se adequam ao "uniforme". À semelhança do que acontecerá na Federação Internacional de Estados para o Desenvolvimento, em que as diferenças linguísticas, culturais e eventualmente socio-económicas, serão respeitadas e apreciadas pelo "valor acrescentado" que representam, assim também deverá acontecer nas escolas enquanto espaços de expressão das virtualidades pessoais e da sua valorização e desenvolvimento.

Mas além das mudanças na vivência dos valores, designadamente no que respeita à função mediadora do valor do *ter* relativamente ao valor do *ser,* o projecto de construção da paz requer como pressuposto fundamental o aprofundamento da recomendação socrática respeitante ao auto-conhecimento da condição humana, que envolve o reconhecimento e a aceitação da finitude e da transitoriedade da vida. Conhecermo-nos a nós mesmos significa sem dúvida, conforme Lorenz lembrou, identificarmo-nos com as nossas origens biológicas mas significa também, em consonância com a inscrição no pórtico do Templo de Apolo, em Delfos, que o homem deve lembrar-se a si mesmo que é humano e não divino, e que, por isso, é mortal e não imortal (Schotte, 1967). E assim sendo, reconcilia-se mais facilmente com a relatividade, a transitoriedade e a caducidade da vida, moderando as suas aspirações de Absoluto e adequando a esta realidade transitória a elaboração dos seus projectos de vida evitando que umas e outros dinamizem comportamentos de intolerância, de força desmedida e de domínio de homens sobre outros homens como se os dominadores fossem detentores da Verdade absoluta e de um Poder sem limites. O reconhecimento das limitações humanas que a recomendação socrática aconselha está próxima da mensagem que Eurípedes envia aos espectadores da sua tragédia sobre a vida de Medeia ao apelar, pela voz da Ama, à virtude da *moderação,* que permitiria aos humanos viver mais de acordo com a sua condição terrena, embora aberta à transcendência.

A moderação ou mesmo o despojamento apresenta-se hoje de uma actualidade irrecusável. A atenuação indispensável das disparidades existentes entre grupos de cidadãos, dentro do mesmo Estado, e entre diversos povos, à escala mundial, constitui uma das "condições psicossociais" indispensáveis à implantação das estratégias de "desenvolvimento solidário da humanidade", proposta pela Encíclica *Populorum Progressio*. Importa desfazer antecipadamente qualquer eventual interpretação errónea que confunda moderação com ausência de vontade, desmotivação ou fraqueza do dinamismo de afirmação pessoal e de desenvolvimento social. Trata-se, pelo contrário, de uma atitude dinamizadora da acção que é apoiada no conhecimento global da realidade "relacional" do homem, orientada para o seu aperfeiçoamento e sustentada axiologicamente pela ética da solidariedade. Promover as condições objectivas e subjectivas favoráveis à difusão desta atitude constitui um dos grandes desafios do nosso tempo, requeridos para a diminuição da violência e para a construção da Paz.

ADENDA

SOBRE A VIOLÊNCIA NAS ESCOLAS

No ensaio sobre "O problema da agressividade e o desafio cultural do nosso tempo", que anteriormente apresentámos, procurámos contribuir para a compreensão da natureza e das condições de emergência de comportamentos agressivos em geral e, de forma especial, no homem. Por intermédio da análise de concepções teóricas, por um lado, e de dados empíricos e experimentais, por outro, mostrámos que a agressividade humana é uma capacidade ou potencialidade de alguém provocar malefícios, ofensas, prejuízos ou destruições, materiais ou morais, a outra pessoa ou a si mesmo, potencialidade que emerge não como a resultante de um instinto natural nem de uma pulsão inata, mas como uma possibilidade de agir em "resposta" a situações persistentes de frustração, bloqueadoras ou impeditivas do desenvolvimento das potencialidades das pessoas, dos grupos ou das comunidades sociais. No contexto desta concepção, não sendo a agressividade uma fatalidade na medida em que a sua emergência depende de factores e condições situacionais, tem pleno fundamento defender que é possível promover a paz, evitando ou prevenindo as condições sistemáticas de frustração ou, de forma mais construtiva, aperfeiçoando os meios adequados ao desenvolvimento das potencialidades das pesssoas e dos grupos sociais que elas constituem. No seguimento desta linha de pensamento, propomo-nos alargar aqui essa compreensão ao domínio mais específico dos comportamentos de indisciplina e de violência que têm vindo a ocorrer de forma crescente, em número e em intensidade, nas escolas dos

Cinco Ensaios sobre Motivação

países ocidentais. Até há poucos anos, nas escolas portuguesas, os actos de agressividade explícita e de violência corporal não eram muito frequentes: a insatisfação, o "mal-estar" e a agressividade dos alunos exprimiam-se pelas vias da evasão, da fuga à escola ou da indisciplina considerada "leve", concretizada no incumprimento, desrespeito ou desobediência das regras de convivência. Nos últimos anos, a situação mudou de forma notória. Os comportamentos de agressão têm vindo a aumentar e os actos de violência corporal têm emergido de forma preocupante. O alargamento da escolaridade obrigatória até ao nono ano exige que a totalidade dos jovens portugueses permaneçam na escola até aos 15 - 17 anos, ou mesmo até aos 18, neste caso devido a múltiplas retenções. Esta mudança quantitativa do sistema educativo português, que concretizou a "educação de massas", não pode ser considerada factor explicativo do aumento da indisciplina "dura" e da violência nas nossas escolas. Todavia, importa reconhecer que tal mudança constituiu, sem dúvida, condição favorável à potenciação de factores responsáveis pela emergência de sentimentos de insatisfação e de frustração dos jovens, cuja acumulação é susceptível de conduzir à eclosão de comportamentos agressivos. Torna-se, por isso, indispensável identificar esses factores e explicitar por que vias podem suscitar a eclosão de comportamentos violentos.

1. A "crise prolongada" dos sistemas educativos

Há muitos anos que os sistemas educativos se debatem com dificuldades várias de funcionamento, revelando resultados considerados insatisfatórios, não conseguindo corresponder às aspirações das pessoas e das instituições que mais directamente se encontram envolvidos no processo educativo. As dificuldades apresentam-se em todas as regiões do mundo, embora com diferenciações específicas de país para país consoante as áreas geográficas. No final da década de 60, Philip Coombs, na altura Director do "Institut International de

Planification de l'Éducation", lançou um grito de alerta num livro a que deu o expressivo título de *La crise mondiale de l'éducation*. Ao escolher este título, pretendeu pôr em relevo a dimensão internacional dos problemas com que a educação se confrontava. Após identificação e análise das principais dificuldades dos sistemas educativos, Coombs apresentou duas propostas de acção adequadas à superação dessas dificuldades: a primeira consistia em dar prioridade à organização e ao aperfeiçoamento de redes de relações institucionais entre escolas de diversos níveis de ensino e de redes de relações pessoais dentro de cada escola; a segunda preconizava a promoção de medidas inovadoras em todos os planos da organização escolar, desde o planeamento financeiro ao funcionamento pedagógico. Passados mais de trinta anos sobre a análise realizada por Coombs e sobre as propostas por ele apresentadas, importa reconhecer que a situação não melhorou muito. É certo que em numerosos países se procedeu a cuidadosas reformas e que a educação conheceu uma expansão de monta. Porém, há indicadores de disfuncionamentos crónicos que persistem com valores elevados, pondo em evidência a irrelevância dos esforços reformistas. No que respeita a Portugal, as reformas empreendidas na sequência das propostas apresentadas pela *Comissão Nacional da Reforma do Sistema Educativo* e pelo *Grupo de trabalho para a Reorganização dos Planos Curriculares dos Ensinos Básico e Secundário* (1986-1992) não trouxeram benefícios contáveis (Campos e Costa, 1994). Com efeito, não só as percentagens de insucesso escolar continuaram elevadas nos diversos níveis do sistema, como também se mantiveram altas as taxas de desistência e de abandono escolares. Além disso, apareceram novos indicadores de disfuncionamentos graves, reveladores da ineficácia estrutural do sistema e respeitantes à curta durabilidade dos conheci-mentos adquiridos na escola. As investigações recentes sobre iliteracia vieram mostrar que as aprendizagens escolares do primeiro ciclo, avaliadas em exames e certificadas pelos respectivos diplomas, caducam, em muitos casos, com grande rapidez e amplitude, revelando-se inexistentes perante a resolução de

Cinco Ensaios sobre Motivação

situações problemáticas e execução de tarefas da vida quotidiana para as quais era suposto serem de grande ajuda. Mas a caducidade das aprendizagens escolares ocorre em todos os níveis de ensino. Atestam-na as queixas frequentes de professores do ensino superior relativamente à falta de conhecimentos considerados fundamentais por parte dos alunos do ensino secundário que acedem àquele grau de ensino, conhecimentos que era suposto possuírem dado que constam do programa de disciplinas curriculares a cujo exame se submeteram e no qual obtiveram classificação que lhes permitiu ter acesso a estudos superiores. Além disso, a caducidade das aprendizagens escolares é ainda atestada pelos fracos resultados de estudantes portugueses em provas e concursos internacionais, resultados que nos deixam, em geral, nos últimos postos da classificação. Estamos, sem dúvida, perante indicadores de ineficácia e, por conseguinte, de funcionamento deficiente da organização dos processos de ensino e de orientação da aprendizagem.

Mas a todos estes indicadores de crise respeitantes à verificação da rápida caducidade das aprendizagens escolares (e que podemos designar de ordem intelectual por envolverem prioritariamente processos cognitivos), têm vindo a juntar-se, nos últimos anos, indicadores de natureza mais "quente", reportados aos comportamentos de indisciplina, de agressividade e de violência, os quais envolvem processos de ordem afectiva e emocional. A situação não pode deixar de ser considerada de inquietante: os sinais de insatisfação multiplicam-se e não podemos ignorá-los nem ficar-lhes indiferentes quanto ao sentido que comportam.

É tempo de proceder a uma reflexão acerca dos motivos ou das razões que estarão na origem da eclosão de comportamentos agressivos nas escolas. Poderemos atribuí-los, de forma exclusiva ou dominante, às características individuais dos alunos, à sua impulsividade e anti-sociabilidade, com origem na herança genética? Ou devemos, de preferência, atribuí-los às baixas condições económicas e culturais dos extractos sociais de proveniência da maioria dos alunos indisciplinados e agressivos? Ao tentar compreender o que se passa, não teremos nós de alargar a nossa visão analítica e dirigi-la para uma realidade mais complexa que decorre da rede de interacções entre as pessoas e as suas circunstâncias, envolvendo directamente as próprias escolas, na medida em que as escolas constituem para os alunos a situação de vida predominante e mais significativa, mesmo que se encontrem envolvidos noutros centros de interesse, sejam desportivos, culturais ou de lazer? Não estarão presentes no próprio domínio da escola factores e condições que influenciem a eclosão de comportamentos violentos?

2. Ensaio de compreensão das condições de eclosão de violência na escola

A interpretação destes indicadores de crise, assim como a interpretação de qualquer um dos que anteriormente foram referidos, não se processa por intermédio de uma lógica linear de causa a efeito, antes exige uma lógica de interacção e de pluridetermização de diversos factores e condições, conforme ficou enunciado no Capítulo IV. Na tentativa de compreensão da violência nas escolas há que invocar, sem dúvida, factores induzidos do exterior, mas importa não esquecer que a própria escola é geradora de condições de violência, designadamente por intermédio de práticas omnipresentes de *avaliação classificativa* que conduzem à exclusão, à desvalorização pessoal e à acumulação de situações de fracasso. Estas situações de fracasso constituem fontes persistentes de frustração, que raramente são contrariadas por situações de reconhecimento e apreço de competências ou talentos pessoais que todos os jovens naturalmente possuem, embora permaneçam "encobertos" ou sem oportunidades de expressão na escola. Na realidade, a escola está concebida e organizada para assegurar a transmissão de conhecimentos e a classificação dos alunos com base nos níveis da reprodução dos conhecimentos transmitidos nas "provas de avaliação". Absorvida nesta função tida como "socializadora", a escola raramente se preocupa em descobrir, valorizar e desenvolver as aptidões e potencialidades dos alunos que passam à margem do seu modelo de funcionamento. Integrada numa cultura de transmissão de saber e de poder (considerados válidos, perfeitos e, por conseguinte, incontestados, a que os jovens têm de se adaptar, imitando-os e reproduzindo-os), correlativa de uma cultura de classificação pretensamente dirigida à selecção dos "melhores" (na reprodução do modelo proposto), a escola está funcionalmente organizada segundo um figurino único. Quem manifestar dificuldades em se moldar a esse figurino, revelando poucas capacidades na "arte de reprodução" dos conhecimentos considerados úteis pela sociedade, mesmo que tenha capacidades para outras artes e técnicas (como o teatro, a cerâmica ou a dança), não pode deixar de se sentir excluído, desvalorizado e frustrado. Que saída há para a frustração provocada pelas dificuldades e fracassos escolares persistentes? Infeliz ilustração do que acaba de ser exposto está no acontecimento trágico ocorrido no início de 1996, protagonizado por três jovens que puseram fim às suas vidas, lançando-se de um viaduto, em Lisboa. Eram os três estudantes e com uma história escolar semeada de insucessos. Com uma vida escolar carregada de "reprovações", não podiam deixar de se sentir desvalorizados, marginalizados, excluídos. Em declarações ao semanário Expresso, um colega dos três jovens deu voz ao "clima asfixiante" com que as nossas escolas envolvem os alunos desde muito cedo: *"É tudo muito competitivo, como se a nossa vida se decidisse aos 18 anos e tivéssemos de mostrar ao mundo que somos os melhores logo na creche. A vida é uma escalada (...) logo no secundário, olho à minha volta e da minha turma e já sei que metade não vai ser escolhida. É um fantasma horrível"* (Azevedo, 1998).

Situações similares a esta, embora sob modalidades diversas, continuam a ocorrer, com menor impacto mediático mas com resultados igualmente trágicos. A gravidade de tais situações não se compadece com a evocação de vagos diagnósticos sobre a "crise civilizacional do nosso tempo", sobre "a ausência de valores", o "vazio axiológico", ou o "predomínio do consumismo" que caracte-

Sobre a violência nas escolas

rizam a sociedade actual. A remissão explicativa para entidades tão abstractas e distantes como o "nosso tempo" ou a "sociedade global" induz a pensar que se torna difícil ou mesmo impossível qualquer tentativa de modificar a situação tal como está, tão grande é a multiplicidade e a complexidade de factores e condições que influenciam as tendências do "nosso tempo" ou os rumos da "sociedade global". Este modo de pensar é gerador de inércia: os diagnósticos de natureza macros-cópica que se reportam a factores sociais de ordem geral sugerem que pouco ou nada pode ser feito por cada pessoa ou pelas pequenas comunidades, não restando outra solução que não seja esperar que o tempo evolua ou que a sociedade mude um dia. Por isso, lamentam-se os acontecimentos, elaboram-se diagnósticos para tranquilidade geral, mas evita-se focalizar a análise nos processos de relações interpessoais e afectivas que ocorrem quotidianamente nas salas de aula, designadamente os que estão implicados nos resultados escolares negativos, que têm frequentemente um impacto subjectivo nefasto ou mesmo destruidor.

Cabe, por isso, perguntar: é ou não possível ter um outra visão dos acontecimentos descritos e uma posição mais actuante sobre esta situação? Do ponto de vista da psicologia da motivação, que nestes ensaios temos vindo a apresentar, a resposta não pode deixar de ser positiva. Importa, antes de mais, relacionar esses acontecimentos com circunstâncias mais próximas de vida dos jovens, designadamente as que se reportam às experiências e vivências escolares e suas implicações na concepção de si, na sua auto-estima e na representação do seu futuro. As declarações do colega dos três jovens que tomaram a decisão de pôr termo à vida, e que acima reproduzimos, remetem-nos para a realidade escolar (uma realidade mais próxima dos alunos do que a sociedade em geral), e sobre a qual é possível introduzir mudanças. É, sem dúvida, difícil aos professores e a outros profissionais envolvidos no processo educativo empreenderem iniciativas susceptíveis de induzir mudanças na sociedade em geral. Mas já é inteiramente praticável a promoção de mudanças no modo de conceber as finalidades formativas da escola e no modo de as pôr em prática, por intermédio quer de estratégias inovadoras de motivação, quer de novas metodologias de ensino, de aprendizagem e, sobretudo, de avaliação das potencialidades de cada aluno adequadas ao desenvolvimento da sua personalidade global. Tais *mudanças qualitativas nas práticas pedagógicas* são possíveis e tornam-se indispensáveis para remover condições propícias à acumulação de frustrações, matriz de diferentes modalidades de agressividade que se orientam quer para alvos externos, assumindo formas diversas de indisciplina, quer para alvos internos, dando origem a comportamentos, reais ou fantasiados, de evasão (ou de fuga perante a situação), de auto-punição e de auto-destruição.

3. Afinal, para que serve a Escola?

A superação da crise prolongada da educação exige que seja equacionada e reflectida com toda a frontalidade a questão fundamental da missão estratégica da Escola e do modelo de organização e funcionamento correspondente a essa missão. A clarificação da missão fundamental da escola passa pela escolha entre duas posições distintas que podemos explicitar nestes termos: 1) deve a escola organizar-se e funcionar como uma instituição social que na sua prática reflecte e antecipa os mecanismos de competição e de selecção dominantes na sociedade envolvente, classificando os alunos dentro dos parâmetros de um figurino único talhado pelas medidas da reprodução de conhecimentos? Ou 2) deve a escola, a partir da aquisição de núcleos de competências básicas, constituir-se como um espaço de observação, valorização e desenvolvimento das potencialidades de cada aluno em conformidade com a diversidade das suas aptidões, aspirações e projectos de vida?

Dito de outro modo: 1) tem a escola por finalidade seleccionar os alunos em função dos níveis de reprodução dos conhecimentos que é feita em testes e exames, predominantemente escritos, seriando os resultados para decidir que os melhores e os menos maus transitem de ano e excluindo os que se revelam muito fracos nessa capacidade de reprodução? Ou 2) a finalidade primordial da escola reside em desenvolver competências básicas fundamentais e, a partir delas, identificar as aptidões específicas de cada aluno, procurando contribuir para o desenvolvimento da personalidade global de todos eles, desde o desenvolvimento cognitivo ao desenvolvimento moral e sócio-cultural?

De forma ainda mais sintética, podemos explicitar as interrogações envolvidas na questão *"Para que serve a Escola?"*, do seguinte modo: serve a escola para classificar, seleccionar e excluir, como tem vindo a acontecer? Ou serve a escola para integrar, desenvolver e compensar "déficits" de origem cultural?

A Lei de Bases do Sistema Educativo Português (Lei nº 46/ 86, de 14 de Outubro) parece ter feito a opção por uma concepção de escola que tem como finalidade fundamental o desenvolvimento da personalidade global dos alunos.Com efeito, vão neste sentido tanto os objectivos gerais atribuídos ao sistema educativo no seu todo como os objectivos específicos de cada um dos níveis em que ele se diferencia. Todavia, é enorme o desfasamento entre a letra e o espírito da Lei, por um lado, e a realidade da prática corrente, por outro. A prática pedagógica predominante nas escolas, sobretudo no plano qualitativo dos métodos de ensinar, de motivar as aprendizagens dos alunos e de as avaliar, não tem sido objecto de propostas sistemáticas de renovação. Na verdade, as reformas têm incidido sobre os *conteúdos* a transmitir e não sobre *o modo como* esses conteúdos são ensinados e "assimilados" pelos alunos. Deste modo, a prática pedagógica continua, infelizmente, apoiada numa concepção de escola em que o ensino é visto como exposição/transmissão de conhecimentos, a aprendizagem como assimilação/aquisição dos conhecimentos transmitidos pelos professores e condensados nos manuais de estudo, e a avaliação como ordenação/classificação dos níveis de exposição/reprodução desses conhecimentos por parte dos alunos. É a persistência desta concepção dominante de escola e a resistência à mudança da prática pedagógica correspondente que explicam a "neutralização" das virtualidades inovadoras de propostas pertinentes que, nos últimos anos, têm sido apresentadas com o intuito de contribuírem para a superação das dificuldades crónicas que os sistemas educativos têm vindo progressivamente a revelar.

E é importante notar que há nestas propostas uma grande convergência. Com efeito, quer Jerome Bruner, no seu livro *The Culture of Education* (1996), quer Juan Carlos Tedesco na obra intitulada *O Novo Pacto Educativo* (1999), quer os autores do Relatório da Mesa Redonda dos Industriais Europeus *"Uma Educação Europeia – A caminho de uma sociedade que aprende"* (1995) advogam que se proceda a uma "mudança urgente" do modelo de escola que vigorou ao longo do século XX e que designam de "escola transmissiva". A mudança a operar na "cultura" da escola consiste em orientar a transmissão de conhecimentos (conteúdos) ao serviço do *desenvolvimento dos processos de pensar, de resolver problemas, de decidir e de planear estrategicamente a acção,* descentrando a transmissão de conhecimentos da finalidade absorvente de classificar a sua reprodução por intermédio de "provas de avaliação classificativa". O modelo de escola "transmissiva", ainda dominante, não corresponde já às exigências da evolução da sociedade actual, caracterizada por uma acentuada velocidade de renovação de conhecimentos e pela multiplicação e utilização dos resultados de investigações científicas. Por isso, na sociedade de conhecimento de hoje e do futuro, o que importa não é tanto transmitir e assimilar conhecimentos considerados duradouros quanto desenvolver capacidades de raciocínio, de organização estratégica da informação e de resolução de problemas novos que permitam assegurar a flexibilidade de modos de pensar e de decidir da forma mais adequada às situações em processo de mudança rápida. O "núcleo duro" da mudança de uma *escola centrada nos conteúdos* para uma *escola centrada nos processos* não está na abolição da transmissão e assimilação de informações e de conhecimentos indispensáveis à estruturação e à instrumentalidade dos processos de pensar. Não se aprende a pensar no vazio e a resolução de problemas exige sempre a re-organização de informações disponíveis para alcançar o fim em vista. O ensino tem sempre de veicular conhecimentos e informações consideradas fundamentais: a diferença entre os dois referidos modelos de escola está na finalidade com que a transmissão de conhecimentos é feita em cada um deles. *No modelo de escola transmissiva,* a transmissão de conhecimentos constitui em si mesma a finalidade do ensino, a assimilação para responder aos testes a finalidade da aprendizagem, culminando a finalidade do ensino e a finalidade da aprendizagem na classificação da reprodução dos conhecimentos avaliada nas provas realizadas para esse efeito. *No modelo de escola centrada no desenvolvimento,* a transmissão de conhecimentos é seleccionada em função do objectivo principal de desenvolver os processos cognitivos de estruturar a informação, de a organizar selectivamente em ordem à resolução dos problemas. A finalidade do ensino e da aprendizagem reside na obtenção de metas formativas definidas operacionalmente em termos de competências ou modos operacionais de saber e de saber fazer[1]. É em

---

[1] A fim de rebater o eventual argumento de que as propostas aqui apresentadas são utópicas ou impraticáveis (argumento que poderá exprimir-se pela afirmação de se tratar de "sugestões bonitas de dizer mas muito difíceis de fazer") é importante sublinhar que as referidas propostas são todas elas operacionalizáveis, isto é, todas transponíveis do plano teórico ou conceptual para o plano das operações ou das acções concretas a realizar por professores e por alunos. É assim, por exemplo, no domínio da motivação, em que diversos investigadores têm formulado propostas susceptíveis de serem postas em prática por parte dos professores para apoio às actividades de aprendizagem dos alunos (Covington & Teel,1996; Mc Combs & Pope, 1994). A título meramente ilustrativo referimos que a " estratégia de motivação para aprendizagens persistentes" que apresentámos recentemente (Abreu, 2001) contém sete tópicos que integram um programa de acções a desenvolver pelos professores de forma sequencial e articulada. Desde o primeiro tópico, que consiste na apresentação das metas formativas no começo das actividades lectivas e do inventário inicial do "estado dos alunos" relativamente a competências relevantes para prossecução dessas metas, até ao sétimo tópico, que consiste na verificação da respectiva concretização no final da formação por intermédio de inventário similar ao utilizado no começo, desenvolvem-se as actividades de ensino-aprendizagem que correspondem aos pontos intermédios da estratégia de motivação. Em síntese, as sugestões respeitantes aos métodos de ensino-apren-

relação à obtenção destas metas que a avaliação tem os seus pontos de referência para se poder verificar se as metas estabelecidas no início do processo formativo foram ou não alcançadas. Trata-se, neste caso, de uma modalidade de *avaliação formativa*, definida em termos de verificação de competências, radicalmente distinta nos seus propósitos e procedimentos da *avaliação classificativa,* que dominou, e perverteu, os processos de ensino e aprendizagem característicos da escola transmissiva. As "classificações" ou as "notas" não são indispensáveis ao processo formativo, nem ao próprio processo de avaliação. A avaliação classificativa constituiu, e ainda continua infelizmente a constituir, um factor de perversão do ensino e da aprendizagem, um factor de alienação e de mal-estar de alunos e professores, uma fonte potencial de frustração, de agressividade e violência (Abreu, 1996).

A fim de favorecer a mudança de prática pedagógica característica da escola transmissiva e, designadamente, a mudança da prática de avaliação classificativa, torna-se indispensável problematizar ou pôr em questão a aparente "naturalidade" dessa prática, que muitos consideram uma prática "co-natural" ao processo educativo, "livre de teorias" e de indiscutível objectividade, tal o seu grau de difusão, aceitação e consensualidade.

E, todavia, ao contrário do que muitos pensam, trata-se de uma prática que não decorre "da própria natureza do ensino", estando muito longe de ser isenta de concepções teóricas. Subjacente à prática pedagógica dominante na escola transmissiva e, nomeadamente, à

---

dizagem recomendam que os professores apresentem as actividades de aprendizagem aos alunos sob a forma de problemas a resolver e de "tarefas abertas" cuja concretização mobiliza as actividades dos alunos no planeamento, organização, ensaio e verificação de "estruturas meios-fins" adequadas à resolução do problema ou à execução cabal da tarefa. A *avaliação formativa* funda-se prioritariamente na comparação entre as competências observadas no início da formação e as competências adquiridas no decurso da formação e verificadas no seu termo. Esta comparação constitui a peça fundamental da modalidade operacional de avaliação formativa que é proposta em substituição dos habituais testes escritos de avaliação de conhecimentos.

prática de avaliação classificativa está a teoria biológica da selecção natural das espécies de Charles Darwin, em que a adaptação dos mais aptos às condições do meio ambiente constituiu o critério da classificação selectiva e da sobrevivência. Influenciada por esta teoria biológica e pela concepção elitista e hierárquica da organização social, a prática pedagógica da avaliação classificativa tem concretizado e continua a concretizar os "mecanismos selectivos" propostos pelo darwinismo. Trata-se, sem dúvida, de uma ilustração marcante de darwinismo social, de um exemplo de aplicação a um domínio de natureza cultural, como é a escola, de uma doutrina que foi formulada para tentar explicar processos de evolução no domínio biológico. Consideramos legítimo pensar que reside aqui a fonte de alienação que a prática de avaliação classificativa comporta. Defendemos também que qualquer mudança eficaz a operar nos sistemas educativos em crise exige uma mudança de teoria ou de visão fundadora, que substitua a aliança entre a teoria biológica da selecção natural e a concepção elitista e hierarquizada da organização social por *uma nova aliança* entre a teoria psicológica do desenvolvimento da personalidade e a concepção participativa-intersubjectiva da construção cultural. Como instituição de cultura, a escola desvirtua-se se prolongar na sua prática os "mecanismos" da natureza. Como instituição de cultura, a escola deve procurar compensar e superar as limitações e deficiências da natureza ao mesmo tempo que deve ajudar a desenvolver as potencialidades que ela também comporta.

 O modelo de escola centrada no desenvolvimento da personalidade e na participação intersubjectiva dos cidadãos nos processos de construção cultural tem a sustentá-lo concepções teóricas que superam a oposição clássica entre o indivíduo e a sociedade, oposição característica do pensamento moderno, em que adaptação do indivíduo às exigências da sociedade foi considerada e valorizada como o critério de "socialização" bem conseguida e, por conseguinte, de sucesso. Constituindo a personalidade uma *estrutura complexa de relações bio-psico-sócio-axiológicas da pessoa com o seu mundo* ou com as suas circunstâncias de vida, o desenvolvimento das potencialidades da personalidade requer activação e concretização das relações dessa estrutura complexa com as situações de vida. Trata-se de um processo interactivo em que não são apenas as pessoas a mudar, a submeter-se ou a adaptar-se às exigências do meio ou da sociedade. São as próprias instituições sociais que têm também de proceder a mudanças quer na sua estrutura quer, sobretudo, nos seus métodos e processos de actuação. Os estrategas, os decisores, os responsáveis pelo planeamento e pela formulação das políticas têm de considerar que é desejável e possível introduzir nas organizações sociais mudanças e aperfeiçoamentos de forma adequada para poderem corresponder às necessidades, iniciativas e projectos de participação criativa das pessoas. Não se pode atribuir o insucesso escolar ou os actos de indisciplina e de violência escolar apenas às características psicológicas dos alunos ou à sua proveniência socio-económica (Ramirez, 2001). As intervenções não podem ser exclusivamente dirigidas para os alunos, para o seu "diagnóstico" e para a prescrição da "remediação" ou do "tratamento" individual (Veiga, 1999). Tendo presente que a escola é um espaço cultural complexo constituído por redes de relações interpessoais de múltiplos protagonistas e que a educação integra processos complexos de desenvolvimento da personalidade de cada aluno (desenvolvimento que envolve redes de relações de cada aluno com as suas situações de vida), as políticas e as práticas que têm a escola e a educação por alvos não podem deixar de assumir características adequadas e isomorfas a esta complexidade relacional da realidade em que pretendem intervir. Têm por isso de revestir uma perspectiva multidimensional e interactiva. No que respeita especificamente à prática pedagógica ela tem de se constituir como uma prática relacional, dirigindo o seu olhar não apenas para os alunos mas para a rede de relações complexas que o processo educativo comporta[2].

---

[2] Neste contexto, e a propósito da actividade dos psicólogos escolares, importa referir que a prática psicológica nas escolas não pode ficar limitada à observação, diagnóstico e intervenção centrada nos "casos" individuais, nos "indi-

Neste contexto, perante os indicadores das crises crónicas que os sistemas educativos vêm revelando e que se reportam à elevadas taxas de insucesso escolar, à rápida caducidade das aprendizagens, aos fracos resultados nos exames nacionais e em provas internacionais, e, por fim, à crescente eclosão de actos de indisciplina e de violência, as medidas a tomar não podem deixar de ser delineadas e executadas de forma relacional. Os diagnósticos e as intervenções que deles decorrem não podem dirigir-se apenas aos alunos, devendo alargar o seu olhar e sua incidência actuante para as redes de interacções complexas que influenciam o comportamento dos alunos. As escolas têm também de mudar muitos dos seus aspectos organizativos e funcionais. E não se trata apenas de mudar programas ou de promover mais reformas curriculares. As mudanças a realizar são mais de natureza qualitativa do que quantitativa e reportam-se prioritariamente aos métodos de ensinar e sobretudo aos métodos de avaliar o progresso dos alunos nas suas aprendizagens. De resto, as aprendizagens organizam-se e processam-se mais com a finalidade de as integrar no processo de construção e de desenvolvimento dos projectos de vida dos alunos do que com a finalidade de obter "classificações" ou "notas" que permitam a transição de ano e a prossecução de estudos. Mas para mudar as práticas ainda domi-

---

víduos-problema" ou "casos difíceis", numa perspectiva isolacionista-individualista da personalidade e numa linha psicotécnica e clínica da intervenção psicológica. Para que possam apoiar, de forma eficaz, o desenvolvimento integrado da personalidade dos alunos, os psicólogos escolares têm de estabelecer redes de relações com os professores, com as comissões executivas das escolas, com os representantes dos pais, com associações empresariais, desportivas e culturais, com vista à construção de redes estratégicas de comunicação e de acção educativas concertadas e consistentes, adequadamente orientadas para a identificação precoce, valorização e desenvolvimento das potencialidades dos alunos. É por intermédio da articulação entre estas actividades ao longo do processo formativo que o psicólogo está em condições de apoiar os alunos na construção dos seus projectos de vida, peças fundamentais no desenvolvimento da personalidade de cada aluno.

nantes é indispensável mudar primeiro as concepções teóricas que as sustentaram e ainda as sustentam. Não é fácil mudar concepções ou mentalidades arreigadas e socialmente partilhadas. Trata-se de um desafio de mudança de cultura, tarefa difícil e sempre demorada. Vai exigir persistência e esperança paciente. Mas o desafio será ganho. A multiplicação dos sintomas de mal-estar da escola transmissiva e classificativa tornarão insuportável a sua manutenção, alargando o caminho e o futuro aos ensaios ainda pouco numerosos de escolas centradas no desenvolvimento da personalidade dos alunos. O anúncio desta mudança cultural está feito e a sua difusão está em marcha. Orientando-se estrategicamente para o desenvolvimento da personalidade na multiplicidade dos seus aspectos estruturantes (somáticos, psicológicos, sociais e axiológicos) e pondo em prática modalidades de avaliação formativa dos progressos realizados pelos alunos ao longo do percurso do seu desenvolvimento, a escola deixará de constituir fonte de frustrações persistentes, na medida em que cada aluno encontrará na escola espaço para identificar, treinar e desenvolver as suas aptidões e integrar as aprendizagens efectuadas num projecto de vida que favoreça a sua realização pessoal e profissional. É por intermédio da realização pessoal e profissional de cada pessoa que se opera o respectivo contributo para a construção de uma sociedade mais participada, mais coesa e mais respeitadora da diversidade dos seus membros, mais desenvolvida culturalmente e mais pacífica.

A este propósito, à semelhança do que fizemos no final do Capítulo V, voltamos a citar a proposta que Paulo VI deixou formulada na Encíclica *Populorum Progressio*. Dedicada ao aperfeiçoamento das condições que permitam o auto-desenvolvimento dos povos por intermédio de uma rede de cooperações estratégicas que assegurem a melhoria das condições económicas, socio-culturais e políticas de todos os povos da Terra, a proposta defende que a construção da Paz depende necessariamente do desenvolvimento integrado, caminho privilegiado para esbater disparidades gritantes, com respeito pela personalidade histórica e cultural de cada povo e pelo contributo específico de cada um deles para o crescimento cultural da humanidade.

Tal como no domínio das relações entre os povos, também no domínio escolar consideramos que a paz decorre do desenvolvimento das potencialidades de aprendizagem, pelo desenvolvimento das aptidões e das motivações específicas que enformam e dinamizam a construção da personalidade de cada aluno. O desenvolvimento da personalidade de cada aluno permite que cada um deles encontre e percorra o seu caminho de forma autónoma, sem exclusões desnecessárias e com respeito pelas diferenças e reconhecimento pelo valor do contributo pessoal de cada um.

Deste modo, julgamos fundamentado defender que é possível diminuir e terminar com a onda de violência que está abalando as escolas. Os sinais são eloquentes e reclamam que é preciso mudar. Mudar concepções subjacentes a práticas de ensinar, aprender e avaliar que têm vindo a revelar-se ineficazes e nefastas, conduzindo a um mal-estar crescente dentro e fora das escolas, produzindo desperdícios dificilmente suportáveis, gerando grupos de estigmatizados e de excluídos, induzindo um clima de relações interpessoais carregado de tensões e potencialmente explosivo. Julgamos ter apresentado aqui alguns contributos para a indispensável reflexão mobilizadora das mudanças a encetar com a rapidez e a consistência que a preparação e a execução da tarefa exigem.

REFERÊNCIAS BIBLIOGRÁFICAS

ABREU, M. V. (1978) *Tarefa fechada e tarefa aberta. Motivação, aprendizagem e execução selectivas*. Coimbra: Liv. Almedina (Distrib.).
ABREU, M. V. (1979) *Questões de Psicologia e Pedagogia*. Lisboa: Livros Horizonte.
ABREU, M. V. (1979) Relembrando "O problema da recognição" de Sílvio Lima, mestre da atitude crítica e do método experimental. *Biblos,* 55, XLIH-XLVIII.
ABREU, M. V. (1982) O psicólogo na escola: dos modelos de organização escolar aos modelos de prática psicológica. *Jornal da Sociedade das Ciências Médicas de Lisboa,* T. CXLVI, 4, 219-227.
ABREU, M. V. (1987) A pluridimensionalidade psicológica da morte. *Revista de História das Ideias,* 9, 829-839.
ABREU, M. V. (1987) Le Psychisme, l'individu et son monde. *In* C. COLE & *al.*, *Comportement, cognition, conscience. La psychologie à la recherche de son objet*. Paris: P.U.F.
ABREU, M. V. (1990) Os primeiros laboratórios de psicologia em Portugal: contexto e sentido da sua criação. *Jornal de Psicologia,* 9, I, 3-7.
ABREU, M. V. (1990) Construção da psicologia como ciência e dessubjectivação dos processos psicológicos. *Psychologica,* 3, 15-28.
ABREU, M. V. (1991) Em torno dos objectivos da Medeia de Eurípedes. Reflexões complementares sobre Mito, Ciência e Vida. Colóquio: *Medeia no drama antigo e moderno*. Coimbra.
ABREU, M. V. (1996) *Pais, professores e psicólogos*. Coimbra: Coimbra Editora.
ABREU, M.V. (2001), Desenvolvimento vocacional e estratégias de motivação para aprendizagens persistentes, *Psychologica,26,*9-26.
ALFERES, V. (1982) O problema da agressividade em Freud. *Revista Portuguesa de Pedagogia,* Coimbra.
ALFERES, V. (1985) *O Modelo da Agressão Humana de K. Lorenz: Estrutura, Fundamentos Empíricos e Implicações*. Coimbra: Faculdade de Psicologia e de Ciências da Educação da Universidade de Coimbra.
ALLPORT, G. (1955) *Becoming. Basic considerations for a psychology of personality*. New Haven: Yale Univ. Press.

ALLPORT, G. (1963) *Pattern and growth in personality*. London, New York: Holt, Rinehart and Winston.
ALLPORT, G. (1937) *Personality. A psychological interpretation*. New York: Holt.
ALVES DOS SANTOS, A. vide Santos, A. J. A.
ANASTASI, A. (^{2}1963) *Differential Psychology. Individual and group differences*. New York: MacMillan.
ARSAC, J. (1993) *La science et le sens de la vie*. Paris: Fayard.
ATKINSON, J. W. (1968) *An introduction to motivation*. Princeton: Van Nostrand.
AZEVEDO, R. A. DE (1962) Lembrando o selvagem de Aveyron. *Revista Portuguesa de Pedagogia,* Ano III, 379-389.
AZEVEDO, J. (1998), Valores e Educação numa Sociedade em Mudança, *Colóquio-Educação e Sociedade*, Nova Série, *3*, 15-19.
BAARS, B. (1986) *The cognitive revolution in psychology*. New York – London: The Guilford Press.
BANDURA, A. (1973) *Aggression*. Prentice Hall.
BARBOSA, A. M. (1947) *A essência do conhecimento*. Coimbra: Ed. do Autor (esgotado).
BARBOSA, A. M. (1996) *Obra Filosófica*. Lisboa: Imprensa Nacional – Casa da Moeda.
BARKER, R., DEMBO, T, & LEWIN, K. (1941) Frustration and regression: an experiment with young children. In *Studies in topological and vector psychology,* vol. II. Univ. Iowa Study Child Welf., 18, 1, 1-314.
BERKOWITZ, L. (1962) *Aggression. A social psychological analysis*. N. Y.: Mc Graw-Hill.
BOWLBY, J. (1951) *Soins maternels et santé mentale*. Monographies de O.M.S., Genève.
BOWLBY, J. (1976) A natureza da ligação da criança com a mãe, *in* D. W. RAJECKI *et al.*, *As ligações infantis*. Amadora: Livraria Bertrand, 105-153.
BOWLBY, J. (1969, 1973) *Attachment and loss*. Vol I *(Attachment)* e Vol. II *(Loss)*. London: The Hogarth Press.
BOWLBY, J. (1965) *Child care and the growth of love*. London: Penguim.
BRENTANO, F. (1914) *Psychologie du point de vue empirique* (trad. fr. de M. de Gandillac). Paris: Aubier.
BRUNER, J. (1996). *The Culture of Education*. Cambridge, Harvard University Press.
CAMPOS, B.P.E e COSTA, A. A (1994), *Relatório sobre a Reforma dos Ensinos Básico e Secundário (1986-1992)*, Lisboa, Conselho Nacional de Educação.
COOMBS, P.(1968). *La Crise Mondiale de l'Éducation*. Paris, P.U.F.

Referências bibliográficas

COVINGTON, M.V. and TEEL, K.M. (1996). *Overcoming Student Failure.Changing Motives and Incentives for Learning*. Washington, American Psychological Association.

Lei de Bases do Sistema Educativo. Lei n°46/86, de 14 de Outubro, D.R. 1ª Série.

MCCOMBS, B. L. and POPE, J.E.(1994).*Motivating Hard to Reach Students*. Washington, American Psychological Association.

Uma Educação Europeia : A Caminho de uma Sociedade que Aprende (s/d). Brussels, ERT-The European Round Table.

DEMBO, T. (1931) Der Arger als dynamisches Problem. *Psychol. Forsch.*, 15, 144 p. (cit. in Nuttin, 1968).

DENNIS, W. (1941) The significance of feral man. *American Journal of Psychology*, 54, 425-432.

DESCARTES, R. (1637) *Discurso do método* (trad. port. de Newton de Macedo). Lisboa: Liv. Sá da Costa, 1943.

DETRY, B. e CASTRO, M. S. L. F. (1990) *O Teste de Frustração de S. Rosenzweig (forma adultos)*. Porto: Instituto Nacional de Investigação Científica.

DOLLARD, J., DOOB, L., MILLER, M., MOWRER, O., SEARS, R. (1939) *Frustation and Aggression*. Yale University Press. (6) 1947.

DUPONT, J.-B. et al. (1979) *La psychologie des intérêts*. Paris: P.U.F.

EIBL-ELBESFELDT, I. (1977) *Amor e ódio* (1970). Lisboa: Liv Bertrand.

EURÍPIDES *Medeia* (tr. Port. de Maria Helena da Rocha Pereira). Coimbra: Centro de Estudos Clássicos e Humanísticos do INIC.

EVANS, P. (1975) *Motivation*. London: Methuen.

FOURCADE, R. (1975) *Motivations et pédagogie: leur donner soif*. Paris: E.S.F.

FRAISSE, P. (1976) Psicologia: Ciência do Homem ou Ciência do Comportamento? *Revista Portuguesa de Pedagogia,* Ano X, 147-159.

FREUD, S. (1900; 1967) *L'interprétation des rêves*. Paris: P.U.F.

FREUD, S. (1905; 1980)*Trois essais sur la théorie de la sexualité*. Paris: P.UF.

FREUD, S. (1909; 1971) *Malaise dans la civilisation*. Paris: P.U.F.

FREUD, S. (1915; 1976) "Considerations actuelles sur la guerre et sur la mort". In *Essais de psychanalyse*. Paris: Payot, 235-267.

FREUD, S. (1915) Pulsions et destins des pulsions, *in* S. FREUD, *Métapsychologie*. Paris: Gallimard, 1968.

GIORDAN, A. et VECCHI, G. (1990) *Les origines du savoir. Des conceptions des apprenants aux concepts scientiftques*. Neuchâtel-Paris: Delachaux et Niestlé.

GREENWALD, A. (1966) Nuttin's neglected critique of the law of effect. *Psychological Bulletin,* 65, 199-205.

HARLOW, H. F. (1958) The nature of love. *American Psychologist,* 13, 673-685; (trad. port. A natureza do amor, *in* D. W. RAJECKI *et al., As ligações infantis.* Amadora: Livraria Bertrand, 79-104).
HARLOW, H. F. (1972) Love created, love destroyed, love regained. In *Modèles Animaux du Comportement Humain.* Colloques Internationaux du C.N.R.S. Paris: 13-59.
HERRIOT, P., Editor's Introduction. *Vide* Radford and Kirby (1975).
HULL, C. L. (1931) Goal attraction and directing ideas conceived as habit phenomena. *Psychological Review,* 38, 487-506.
HULL, C. L. (1943) *Principles of behavior. A introduction to behavior theory.* New York: Appleton-Century-Crofts.
LEWIN, K. (1942) *Field theory of learning, in* N. S. HENRY (Ed.), *The psychology of learning.* Chicago: Chicago Univ. Press.
ITARD, J. (1967) Memória acerca dos primeiros progressos de Vítor de Aveyron, *in* MALSON, *As crianças selvagens, mito e realidade.* Porto: Livraria Civilização Editora (tr. port. de *Les enfants sauvages: mythe et realité.* Paris: Union Générale d'Éditions, 1964).
JAMES, W. (1880) *The principies of psychology.* New York: Holt, Reinhart and Winston.
JOHNSON, R. N. (1972) *Aggression in man and animais.* Sounders, Philadelphia.
JONES, B. F. e IDOL, L. (Ed.) (1990) *Dimensions of thinking and cognitive instruction.* Hillsdale-New Jersey: L. E. A. Publishers.
JOYCE-MONIZ, L. (1979) *A modificação do comportamento. Teoria e prática da psicoterapia e psicopedagogia comportamentais.* Lisboa: Livros Horizonte.
KANT, I. (s. d.) *A Paz Perpétua e outros opúsculos.* Lisboa: Edições 70.
KIRBY, R. *Vide* Radford and Kirby (1975).
KOEHLER, W. (1928) *L'intelligence des singes supérieurs* (trad. fr. de P. Guillaume). Paris: Alcan.
KOEHLER, W. (1969) *The task of Gestalt Psychology.* Princeton – New Jersey: Princeton University Press.
LAGACHE, D. (^{2}1969) *L'unité de la Psychologie.* Paris: P.U.F. (^{1}1949).
LAPLANCHE, J. & PONTALIS, J. B. (1967) *Vocabulaire de la Psychanalyse.* Paris: P.U.F.
LEBLANC, M. (1960) *La personnalité de la femme Katangaise. Contribution à l'étude de son acculturation.* Louvain: Publications Universitaires de Louvain.
LENS, W. (1986) Future time perspective: a cognitive-motivational concept, *in* D. R. BROWN and J. VEROFF, *Frontiers of motivational psychology.* Berlin-New York: Springer-Verlag.

Referências bibliográficas

LEVI-STRAUSS, C. (1978) *Anthropologie Structurale*. Plon: Paris.
LEWIN, K. ([1]1959, [2]1964) *Psychologie dynamique. Les relations humaines*. Paris: P.U.F.
LEWIN, K. (1931) The conflict between aristotelian and galileian modes of thought in contemporary psychology. *Journal of General Psychology,* 5, 141-177.
LEWIN, K. (1935) *A dynamic theory of personality*. New York: McGraw-Hill.
LEYENS, J. PH. (1970) "Approche psychosociale de la violence au cinema et à la télévision". *Revue de Psychologie et des Sciences de l'Éducation,* V (2): 154-171.
LIDZ, C. S. (1987) *Dynamic Assessment: an interactional approach to evaluating learning potencial*. New York: Guilford Press.
LIMA, S. (1928) *O problema da recognição*. Coimbra: Imprensa da Universidade.
LIMA, S. (1944; [2]1964) *Ensaio sobre a Essência do Ensaio*. Coimbra: Arménio Amado, Editor.
LIMA, S. (1949) A Psicologia em Portugal. *Biblos,* Vol. XXV, 277-285.
LORENZ, K. (1963; 1969) *L'agression* (tr. fr. de *Das sogenannte Bose. Zur Naturgeschichte der Agression*. Borotha-Schoeler). Paris: Flammarion.
MALINOWSKY, B. ([7]1964) *Sex and repression in savage society*. Cleveland and New York: The World Publishing Co., 1927.
MALSON, L. (1967) *As crianças selvagens, mito e realidade*. Porto: Livraria Civilização Editora (tr. port. de *Les enfants sauvages: mythe et realité*. Paris: Union Générale d'Éditions, 1964).
MARIAS, J. ([8]1956) *Historia de la filosofia*. Manuales de la Revista de Ocidente. Madrid.
MARROW, A. J. (1969) *The practical theorist. Life and work of Kurt Lewin*. New York-London: Basic Books.
MCDOUGALL, W. (1908) *An introduction to Social Psychology*. London: Methuen.
MERLEAU-PONTY, M. (s. d.) *Les relations avec autrui chez l'enfant*. Paris: Centre de Documentation Universitaire.
MONTAGU, M. E. (1968) *Man and Aggression*. Oxford University Press.
MONTEIRO, M. B., VALA, J.; SARAIVA, C. & COSTA, V. (1940) Violência Filmada e Comportamentos Agressivos: I – A investigação experimental e as suas hipóteses. *Psicologia,* I (2): 135-146.
MONTPELLIER, G. ([2]1949) *Conduites intelligentes et psychisme chez l'animal et chez l'homme. Études de Psychologie Comparées*. Louvain-Paris: Vrin.
MURRAY, H. (1938) *Explorations in personality*. New York, Oxford Univ. Press (tr. fr.: *Exploration de la personnalité*. Paris: P.U.F. (1953-1954).
NUTTIN, J. (1953) *Tâche, réussite et échec. Théorie de la conduite humaine*. Louvain, Paris: Nauwelaerts.

NUTTIN, J. (1959) Origine et développement des motifs, in L. ANCONA et al., *La motivation*. (Symposium de l'A.P.S.L.F, Florence, 1958). Paris: P.U.F.

NUTTIN, J. (1959) Human motivation and Freud's theory of energy discharge. *Canadian Journal of Psychology*, 10, 167-178.

NUTTIN, J. (1963) La Motivation, in P. FRAISSE et J. PIAGET, *Traité de psychologie expérimentale*. Paris: P.U.F.,1-82.

NUTTIN, J. (1964) L'appareil psychique et la théorie du conflit. *La Table Ronde*.

NUTTIN, J. (¹1965; ⁴1975) *La structure de la personnalité*,Paris: P.U.F.

NUTTIN, J. (1966) Motivation and cognitive functioning in human behavior. *18th Intern. Cong. of Psychol.*, Moscow.

NUTTIN, J. (1975) *La structure de la personnalité*. Paris: P.U.F.

NUTTIN, J. (1976) Motivation and reward in human learning: A cognitive approach, in W. K. ESTES (Ed.), *Handbook of Learning and Cognitive Processes*, Vol. III. New York: Erlbaum & Wiley, 246-281.

NUTTIN, J. (1978) Problemas de psicologia da motivação humana. *Revista Portuguesa de Pedagogia*, Vol. XII, 53-77.

NUTTIN, J. (1980) *Théorie de la motivation humaine. Du besoin au project d'action*. Paris: P.U.F.

NUTTIN, J. (1984) *Motivation, planning and action: a relational theory of behavior dynamics*. Leuven & Hillsdale: Leuven University Press.

NUTTIN, J. (1987) Développement de la motivation et formation. *Education Permanente*, 88/89, 97-110.

NUTTIN, J. and GREENWALD, A. (1968) *Reward and punishment in human learning*. New York: Academic Press.

NUTTIN, J. et LENS, W. (1980) *Motivation et perspectives d'avenir*. Louvain: Presses Universitaires de Louvain.

PAULO VI (1967) *Le Développement des Peuples. «Populorum Progressio»*. Paris: Éditions du Centurion.

PECK, D., and WHITLOW, D. (1975) *Approaches to personality theory*. London: Methuen.

PEREIRA, M. H. R. (1991) Introdução, in *Medeia de Eurípedes*. Coimbra: Centro de Estudos Clássicos e Humanísticos.

PLANCHARD, E. (1967) *A pedagogia escolar contemporânea*. Coimbra: Coimbra Editora.

POPPER, K. (⁵1974) *Conjectures and refutations. The growth of scientific knowledge*. Rinehart: London.

POPPER, K. (⁷1974) *The logic of scientific discovery*. London: Hutchinson.

POPPER, K. e MARCUSE, H. (1975) *Revolução ou Reforma?* Lisboa: Morais Editores.

POPPER, K. e LORENZ, K. (s. d) *O futuro está aberto*. Lisboa: Fragmentos.
PRIGOGINE, I. et al. (1992) *L'homme face à la science. Un enjeu pour la planète*. Paris: Criterion.
RADFORD, J. & KIRBY, R. (1975) *The person in psychology*. Methuen, London.
RAJECKI, D. W. et al. (1976) *As ligações infantis*. Amadora: Livraria Bertrand.
RAMIREZ, F. s. (2001). *Condutas agressivas na idade escolar*. Amadora, McGraw-Hill de Portugal
RICHELLE, M. (1993) *Du nouveau sur l'esprit?* Paris: P.U.F.
RILLAER, J. V (1975) *L'agressivité humaine: Approche analytique et existentielle*. Bruxelles: Dessart et Mardaga, Ed.
ROGERS, C. (1977) *On personal power*. New York: Delacorte Press. (Tr. fr.: *Un manifeste personnaliste. Fondements d'une politique de la personne*. Paris: Dunod, 1979).
ROSENZWEIG, S. (1934) Types of reaction to frustration: an heuristic classification. *Journal of Abnormal and Social Psychology*, 29, 298-300.
ROSENZWEIG, S. (1935) A test for types of reaction to frustration. *American Journal of Orthopsychiatry*, 5, 395-403.
ROSENZWEIG, S. (1938) The experimental measurement of types of reaction to frustration, *in* H. A. MURRAY (Ed.), *Explorations in personality*. New York: Oxford University Press.
SANTOS, A. J. (1913) *Psicologia e Pedologia: uma missão científica no estrangeiro*. Coimbra: Imprensa da Universidade.
SANTOS, A. J. (1923) *Psicologia experimental e pedologia (Trabalhos, observações e experiências realizadas no Laboratório)*. Coimbra: Imprensa da Universidade.
SAVATER, F. (1993) *Ética para um jovem*. Lisboa: Editorial Presença.
SERRA, A. S. V. (1972) *A influência da personalidade no quadro clínico depressivo*. Coimbra.
SILVA, J. F. (1979) Sílvio Lima: História de um professor universitário. *Biblos*, 55, XXXV-XLII.
SINGH, J. A. L. and ZINGG, R. M. (1942) *Wolf-children and feral man*. New York: Harper.
SMITH, K. U. and SMITH, M. F. (1966) *Cybernetic principles of learning and educational design*. New York: Rinehart and Winston.
SPITZ, R. A. (^{2}1963) *La première année de la vie de l'enfant*. Paris: P.U.F.
STAATS, A. W. (1975) *Social behaviorism*. London: Irwin-Dorrey International.
SUPER, D. (1964) *La psychologie des intérêts*. Paris: P.U.F.
TEDESCO, J. C. (1999). *O Novo Pacto Educativo*. V. N. Gaia, Fundação Manuel Leão.

TODT, E. (1978) *Das Interesse. Empirische Untersuchungen zu einen Motivationskonzept*. Bern: H. Huber.
TOLMAN, E. C. (1932) *Purposive behavior in animais and men*. New York: Appleton-Century-Crofts (reprinted, Univ. of California Press, 1949).
TOLMAN, E. C. (1966) *Behavior and psychological man. Essays in motivation and learning*. Berkeley and Los Angeles: University of California Press.
UEXKÜLL, J. V. (s. d.) *Dos animais e dos homens. Digressões pelos seus mundos próprios*. Lisboa: Livros do Brasil (tr. port. de *Streifzuge durch die Umwelten von Tieren und Menschen*).
VEIGA, F. H. (1999). *Indisciplina e Violência na Escola*. Coimbra, Liv. Almedina.
WATSON, J. B. (1925) *Behaviorism*. New York: The People's Institute (trad. cast. *El conductismo*. Buenos Aires: Editorial Paidos, [1]1947, [2]1955).
WEINSTEIN, C. E., GOETZ, E. and ALEXANDER, P. (1988) *Learning and study strategies. Issues in assessment, instruction and evaluation*. New York – London: Academic Press.
ZAZZO, R. et al. (1974) *L'attachement*. Neuchâtel: Delachaux et Niestlé (tr. port.: *A vinculação*. Lisboa: Sociocultur, 1978).
ZINGG, R. M. (1941) Reply to Professor Dennis' «The significance of feral man». *American Journal of Psychology*, 54, 432-435.

ÍNDICE

PREFÁCIO À 1.ª EDIÇÃO 5

PREFÁCIO À 2.ª EDIÇÃO 9

CAPÍTULO I
MOTIVAÇÃO E DESENVOLVIMENTO DA PERSONALIDADE

INTRODUÇÃO 11
1. Duas perspectivas epistemológicas fundamentais acerca da natureza da personalidade e acerca dos factores e processos do seu desenvolvimento 13
   1.1. *A perspectiva individualista* 13
   1.2. *A perspectiva relacional* 16
2. O apoio empírico da teoria relacional da motivação e da personalidade 19
   2.1. *Os efeitos do abandono e do isolamento: os casos das "crianças selvagens"* 19
   2.2. *Os efeitos das carências afectivas: as investigações de Spitz e Bowlby* 24
   2.3. *As experiências de Harlow sobre a "natureza do amor"* 31
3. Motivos, aprendizagem e desenvolvimento da personalidade 40

CAPÍTULO II
MOTIVOS E ORGANIZAÇÕES COGNITIVAS NA CONSTRUÇÃO DA PERSONALIDADE

1. Considerações epistemológicas preliminares 45
   1.1. *A dessubjectivização do psiquismo e o retorno ao sujeito* 45
   1.2. *Crítica à concepção de ciência como descrição e acumulação de "factos"* 47

2. Fundamentação da escolha das teorias relacionais ou construtivistas da motivação e da personalidade 48
  2.1. *Comportamento e personalidade: unidade relacional sujeito-mundo* 49
  2.2. *Natureza e características gerais dos motivos* 50
3. Concretização comportamental dos motivos e actividades de organização cognitiva 52
  3.1. *Motivos, interesses e construção cognitiva de "sistemas de relações entre meios e fins"* 52
  3.2. *Indeterminação comportamental dos motivos e especificidade do conceito de "história pessoal"* 54

CAPÍTULO III
PARA UMA TEORIA RELACIONAL DOS INTERESSES

1. Imprecisão e flutuação do conceito de interesse 57
2. Revisão breve da evolução teórica do domínio da motivação 60
  2.1. *A psicologia científica dos estados e conteúdos da consciência: associação, instintos e vontade* 61
  2.2. *A concepção psicanalítica* 62
  2.3. *A influência do evolucionismo darwinista e a revolução behaviorista* 62
  2.4. *A teoria neo-behaviorista de Hull* 63
  2.5. *A teoria da forma ("Gestaltheorie")* 64
3. Vectores principais da teoria relacional da motivação e da personalidade 65
  3.1. *O comportamento como interacção sujeito-mundo* 65
  3.2. *A natureza relacional dos motivos* 65
  3.3. *Características principais dos motivos* 66
  3.4. *A organização cognitiva dos motivos e o lugar intermediário dos interesses* 67

CAPÍTULO IV
MOTIVAÇÃO, APRENDIZAGEM E DESENVOLVIMENTO

INTRODUÇÃO 71
1. **Breve apresentação da teoria cognitiva e relacional da motivação e da aprendizagem** 73
2. **Da teoria à prática: contibutos para uma prática relacional** 81
   2.1. *Considerações prévias* 81
   2.2. *Ilustração da utilidade clarificadora de questões relevantes da vida quotidiana: a questão da eficácia da publicidade* 82
   2.3. *A prática relacional em orientação vocacional e a problemática do insucesso escolar* 85
      2.3.1. *A prática relacional de orientação escolar e profissional* 85
      2.3.2. *Clarificação teórica do insucesso escolar e promoção prática do sucesso educativo* 87
   2.4. *Do modelo interactivo do sistema educativo à proposta de operacionalização de uma metodologia de ensino construtivista, relacional e dinâmica* 89
      2.4.1. *Análise da situação da relação pedagógica usual e a necessidade de promover a renovação qualitativa dos métodos de ensino e de aprendizagem* 89

CAPÍTULO V
O PROBLEMA DA VIOLÊNCIA E O DESAFIO CULTURAL DO NOSSO TEMPO

SERÁ O HOMEM POR NATUREZA VIOLENTO? 97
1. **Contributos para o reconhecimento da necessidade de clarificação conceptual e de construção de uma teoria integradora. Análise da concepção de Konrad Lorenz** 99
   1.1. *Os paradoxos da persistência e da "democratização" dos comportamentos violentos numa sociedade científica e tecnologicamente avançada* 99

1.2. *A ambiguidade da posição de Lorenz: o instinto de agressão como "mal natural" e, simultaneamente, como factor de conservação e de geração de vida* 104
2. **O problema da origem da agressão: instinto, aprendizagem ou possibilidade de agir?** 107
   2.1. *Alguns contributos da reflexão filosófica: da "luta dos opostos" em Heraclito e Hegel à teoria do "bom selvagem" de Rousseau e ao ideal da "paz perpétua" de Kant* 108
   2.2. *Do evolucionismo biológico de Darwin ao evolucionismo sociológico de Marx* 110
   2.3. *Concepções psicológicas acerca da origem da violência* 112
      2.3.1. *As posições "inatistas" sobre a agressão: a teoria dos instintos e a Psicanálise* 112
      2.3.2. *A posição das concepções behavioristas sobre a agressão* 114
      2.3.3. *As novas categorias gnoseológicas do "terceiro momento da construção da psicologia como ciência": a rede de interacções do sujeito de acção com as situações da vida* 117
3. **Posição da teoria relacional da motivação perante o problema da agressão** 119
4. **Será possível prevenir e diminuir os comportamentos agressivos?** 125

ADENDA SOBRE VIOLÊNCIA NAS ESCOLAS 133

REFERÊNCIAS BIBLIOGRÁFICAS 151

ÍNDICE 159